David Kherdian
Der Schatten des Halbmonds

Der Autor:

David Kherdian wurde 1931 in einer kleinen armenischen Gemeinde in Wisconsin/USA geboren, sieben Jahre nach der geglückten Flucht seiner Mutter. Er war über dreißig Jahre alt, als er zu schreiben begann – zunächst Lyrik, bevor er dann den Lebensweg seiner Mutter aufzeichnete.
David Kherdian lebt heute mit seiner, ebenfalls armenischen, Frau in Oregon.

David Kherdian

Der Schatten des Halbmonds

Das Schicksal eines armenischen Mädchens

Aus dem Amerikanischen von
Ingrid Weixelbaumer

Deutscher
Taschenbuch
Verlag

dtv

Mit einer Karte von Brigitte Schwaiger

Titel der amerikanischen Originalausgabe: ›The Road from Home‹, erschienen bei Greenwillow Books, a Division of William Morrow & Comp., Inc., New York

Ungekürzte Ausgabe
1. Auflage Januar 1986
3. Auflage April 1988: 17. bis 22. Tausend
Deutscher Taschenbuch Verlag GmbH & Co. KG, München

ISBN 3-8000-2680-5
Umschlaggestaltung: Celestino Piatti
Umschlagbild: Haidrun Gschwind
Gesetzt aus der Garamond 10/11˙
Gesamtherstellung: Ebner Ulm
Printed in Germany · ISBN 3-423-07856-1

Im Gedenken an Lousapere Dumehjian

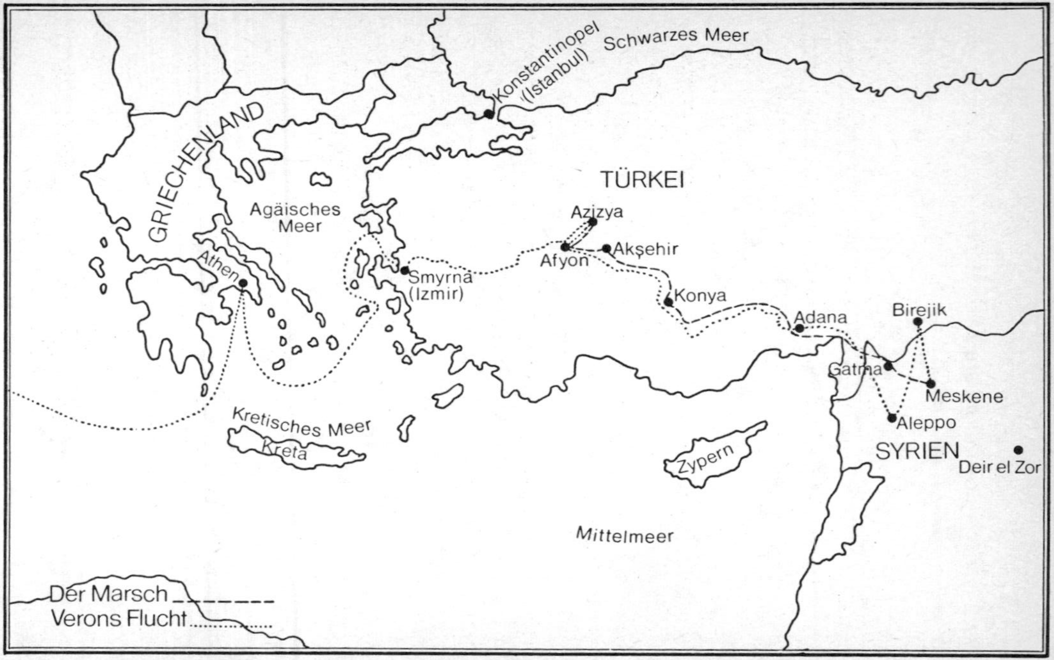
Konstantinopel
(Istanbul)
Schwarzes Meer
GRIECHENLAND
TÜRKEI
Agäisches
Meer
Athen
Smyrna
(Izmir)
Azizya
Akşehir
Afyon
Konya
Adana
Birejik
Gatma
Meskene
Aleppo
SYRIEN
Deir el Zor
Kretisches Meer
Kreta
Zypern
Mittelmeer
Der Marsch
Verons Flucht

Vorbemerkung

Mitte des 19. Jahrhunderts begann das einst mächtige Türkische oder Osmanische (Ottomanische) Reich rasch abzubröckeln. Territoriale Verluste in Afrika, auf dem Balkan sowie im Mittelmeerraum schwächten seinen Einfluß, und die großen europäischen Staaten fingen an, sich um den Löwenanteil dessen zu raufen, was schon Zar Nikolaus I. den »kranken Mann am Bosporus« genannt hatte. Die Zeit war reif für eine revolutionäre Partei. Im Jahre 1908 gelangte die Partei der Jungtürken an die Macht, die den Aufstieg der modernen Türkei und die Einigung aller Untertanen des Reiches auf seine Fahnen geheftet hatte. Es schien, als sollte damit auch der Schlußpunkt hinter die Verfolgung der christlichen Minderheiten in der Türkei, insbesondere der Armenier, gesetzt werden.
Die Jungtürken zwangen Sultan Abd Al Hamid II. (der für die armenischen Massaker 1895/96 verantwortlich war) zur Anerkennung einer Verfassung, die auf den Prinzipien von Freiheit, Gleichheit, Gerechtigkeit und Brüderlichkeit begründet war.
Eine neue, glücklichere Zeit war scheinbar für die Armenier angebrochen. Zum ersten Mal durften sich ihre politischen Parteien frei und ungehindert betätigen. Trotz verschiedener anderer Freiheiten, wie dem Absingen patriotischer Lieder, in denen die Unabhängigkeit eines imaginären armenischen Staates verherrlicht wurde, besserte sich jedoch das Los der Armenier auch nach der Absetzung des tyrannischen Sultans Abd Al Hamid (1909) nicht.
Im April 1909 wurden bei Massakern in Adana und anderen anatolischen Provinzen dreißigtausend Armenier getötet.
Indes gelang es auch den Jungtürken nicht, die Zerstücke-

lung des Osmanischen Reiches aufzuhalten. 1908 hatte Österreich Bosnien und die Herzegowina annektiert, 1909 erklärte sich Bulgarien für unabhängig; Tripolis fiel an Italien. Die Balkankriege (1912/13) beschränkten die europäische Türkei auf Ostthrakien zwischen Konstantinopel und Adrianopel.

Durch die politische Entwicklung ermutigt, sahen die Armenier eine Chance, ihren Traum von der Wiedererrichtung eines freien und unabhängigen Armenien zu verwirklichen. Diese nationalistischen Reformbestrebungen stießen jedoch bei den Jungtürken auf härtesten Widerstand, ja brachten diese erst recht gegen die Armenier auf.

Als am 28. Juli 1914 mit der Kriegserklärung Österreichs an Serbien der Erste Weltkrieg ausbrach, trat die Türkei in der Folge auf die Seite der Mittelmächte (Deutsches Reich, Österreich-Ungarn sowie Bulgarien).

Die Türkei war nun auch bereit, die »armenische Frage« ein für allemal zu lösen...

Eine Kartenskizze befindet sich auf Seite 6.

1

1907–1913

Solange ich den Himmel und die Wolken über mir kannte, wohnten wir in unserem weißverputzten Haus im armenischen Viertel der Stadt Azizya in der Türkei. Dann aber, als das Firmament zerriß und auf uns herabstürzte, als die Sonne sich von uns abwandte und wir wie versprengte Samen über die Arabische Wüste getrieben wurden, kehrte niemand mehr zurück außer mir. Azizya, mein teures Zuhause, lag in Schutt und Asche und war für immer aus meinem Leben verschwunden.

Mein Vater hatte sich seine zukünftige Frau aus Afyonkarahisar geholt, und meine Großmutter erzählte oft: »Als er seine Braut aus Afyon heimbrachte, wurde eine Woche lang bei uns aufgespielt und getanzt, und ich habe zur Hochzeit fünfunddreißig Bleche Baklava und dreiunddreißig Bleche Makronen gebacken.«

Die Freunde meiner Großmutter, Türken, Griechen und Armenier, fragten: »Wo hat er dieses Mädchen nur gefunden? Sie schaut wie ein Bauernmädchen aus, so groß und kräftig und rotbackig, wie sie ist.«

Meine Mutter hatte sehr geschickte Hände, und sie war stark und gesund. Sie konnte ausgezeichnet weben, wofür sie neben der Haus- und Gartenarbeit immer noch Zeit erübrigte.

Ich erinnere mich, wie sie aus Mohnsamen Kaschkasch bereitete. Zuerst röstete sie den Mohn in einer Bratpfanne und mahlte ihn dann auf einem eigens dafür vorgesehenen Stein. So wurde eine Art Mohnbutter daraus, die eins unserer Hauptnahrungsmittel bildete. Jedesmal, wenn meine Mutter eine frische Portion Kaschkasch gemacht hatte, lud sie ihre Freundinnen zum Essen ein. Mutter war fröhlich und gastfreundlich, und ihre Freundinnen gingen

ständig bei uns ein und aus, weil Vater geschäftlich viel unterwegs war.
Die Familie hatte meine Mutter besonders ins Herz geschlossen, nicht zuletzt deshalb, weil meine Tante, die zweite »Braut« im Haus meiner Großmutter, zart und gebrechlich war und keine schwere Arbeit verrichten konnte. Sie war die meiste Zeit krank, und die anderen hielten mit ihrer Meinung nicht zurück. »Welch ein Jammer«, so sagten sie, »das Leben unseres Jungen ist verpfuscht. Diese Braut taugt zu rein gar nichts.«
Zu jener Zeit und in jener Gegend galt eine kränkliche Ehefrau als das schlimmste Mißgeschick, das einem Mann und seiner Familie geschehen konnte. Wir wohnten damals alle unter einem Dach, Kinder, Eltern, Großeltern und sämtliche Tanten und Onkel. Doch als ich fünf Jahre alt war, übersiedelte meine Familie zusammen mit meiner leidenden Tante, meinem Onkel und meiner Kusine in das armenische Viertel. Nun hatten wir auch genug eigenen Grund und Boden, um darauf Mohn anzubauen – lebten wir doch im Zentrum des türkischen Mohnanbaugebietes. So war es auch das Geschäft meines Vaters, Mohn anzupflanzen, um daraus die wertvolle Pflanzenmilch zu gewinnen – und zu verkaufen –, die den Rohstoff für die Erzeugung von Opium liefert. Die Hochburg des Opiumhandels war – und ist – die Stadt Afyon, deren Name nichts anderes als »Opium« bedeutet.
Meine Mutter und meine Tante hatten schon während unserer gemeinsamen ersten Zeit Zuneigung zueinander gefaßt, und als wir nun das neue Haus, ein Zweifamilienhaus, bezogen, übernahm meine Mutter die Sorge für meine Tante. Beide waren ungefähr gleich alt, und es verband sie das gemeinsame Schicksal, »Braut« im Haus meiner Großmutter gewesen zu sein. Diese Bezeichnung rührte daher, daß nach der alten, ländlichen Tradition die Braut – wie sie hinfort genannt wurde – ins Haus des Bräutigams einzog. Es war zu jener Zeit keineswegs ungewöhnlich, daß vier Generationen gleichzeitig unter

einem Dach wohnten. Da meine Mutter voller Energie und gewiß auch bestrebt war, sich beliebt zu machen und ihren Platz in dem neuen Haus zu behaupten, und da sie zudem von Natur aus herzensgut und lieb war, lag ihr alles daran, meiner Tante zu helfen. Mutter kochte also, wenn meine Tante dazu nicht in der Lage war, und sie wusch die Wäsche, wenn meine Tante nicht die Kraft hatte, Wäsche zu waschen. Jeden Tag holte sie für meine Tante frisches Wasser von der Quelle, bevor mein Onkel von der Arbeit nach Hause kam, und die Familie pflegte zu sagen: »Alles hat sich zum Guten gewendet, seit sie in ihr neues Haus gezogen sind. Lousapere wird von Tag zu Tag kräftiger.« Und mein Onkel war zufrieden. Er sagte: »Ich fühle mich wohl. Sehr wohl!«

Jahre danach, in unserem größten Leid, sagte Tante Lousapere oft zu mir: »Egal, wieviel ich auch für dich tun mag, Veron – es kann nie genug sein. In meinem ganzen Leben kann ich nicht zurückzahlen, was deine Mutter damals für mich getan hat.«

Tante Lousapere hat alles für mich getan. Sie hat sich um mich gesorgt. Sie hat für mich gesorgt. Sie hat mich wie eine Tochter geliebt.

Ich war von Herzen dankbar, daß Tante Lousapere mit uns in das neue Haus gezogen war – und nicht Tante Arousiag. Es blieb mir nicht verborgen, wie in der Familie über Tante Arousiag geredet wurde, und nach allem, was ich hörte, war ich froh, daß sie nicht bei uns wohnte. Wir hatten ein glückliches Zuhause, Tante Arousiag aber schien alles andere als ein glücklicher Mensch zu sein. Sie war sehr hübsch, aber auch sehr verwöhnt. Ihr Elternhaus lag nicht weit vom Haus meiner Großmutter entfernt, und ich schnappte Bemerkungen auf, denen ich entnahm, daß sie einfach zu ihren Eltern hinüberlief, wann immer es ihr paßte. Das widersprach der Sitte und war eine große Schande, um so mehr, als meine Familie und ihre – die Dumehjians und die Tehbelekians – die zwei reichsten und

angesehensten Familien in Azizya waren und darum mit gutem Beispiel vorangehen sollten.
Ich war das erstgeborene Kind meiner Eltern. Bald darauf kam meine Schwester Yeghisapet zur Welt, gefolgt von meinem Bruder Apkar und meinem Bruder Harutiun, der noch ein Baby war, als ich fünf Jahre alt war und wir in unser neues Haus übersiedelten.
Yeghisapet und ich hatten eine gemeinsame Puppe. Es war eine wunderschöne Puppe mit lieblichem Gesicht, und wenn wir mit ihr spielten, vergaßen wir alles um uns herum. Wir kleideten sie an und aus, schimpften mit ihr, neckten oder streichelten sie, steckten sie ins Bett, weckten sie auf, zogen ihr neue Kleider an, brachten ihr Manieren bei und so weiter und so fort – und das alles, ohne uns je ernsthaft zu streiten.

Mein Vater war ein völlig anderer Mensch als meine Mutter. Er war von zartem Körperbau, hellhäutig und ziemlich wortkarg. Er genoß einen ausgezeichneten Ruf als Geschäftsmann. Sooft er von einer Geschäftsreise heimkehrte – außer mit Rohopium handelte er auch noch mit Mohairwolle –, brachte er eine hübsche Summe Geldes mit. Wir freuten uns immer auf seine Rückkehr, denn jeden Abend, wenn er zu Hause war, spielte er auf dem Saz, einem kleinen Zupfinstrument, und meine Mutter kochte etwas Besonderes. Und dann saßen wir zusammen, aßen und lachten und waren glücklich, daß Vater wieder einmal daheim war.
Vater brachte auch jedesmal für uns Geschenke mit. Sobald er das Haus betrat, liefen wir ihm entgegen und riefen: »Papa! Papa«, aber er rückte nicht gleich mit den Geschenken heraus. Es machte ihm Spaß, Yeghisapet und mich ein bißchen aufzuziehen. Er schnappte sich unsere Puppe und warf sie hoch auf das Brett hinauf, wo das Bettzeug aufbewahrt wurde, so daß wir sie nicht erreichen konnten, und wir fingen zu betteln und zu jammern an. Und meine Mutter sagte zu ihm: »Sag, warum foppst du sie schon

wieder?« und holte die Puppe herunter, und wir begannen wieder zu spielen. Darüber vergaßen wir unsere Geschenke, und nicht lange, so hörten wir Musik, die von der Feuerstelle her klang, wo mein Vater saß und auf seinem Saz spielte.
Das waren die warmen Abende daheim, die ich niemals vergessen werde.

Unser neugebautes, eingeschossiges, weißverputztes Haus hatte Glastüren und einen breiten Flur, der das Haus in zwei Teile teilte. Es hatte schmiedeeiserne Fenstergitter und ein schräges rotes Ziegeldach. In allen Häusern waren damals Lehmböden, die täglich mit dem Besen gekehrt wurden. Die ärmeren Familien konnten sich nur Strohmatten zum Bedecken des Fußbodens leisten, die reichen wie wir besaßen Orientteppiche. Auch eine neue Kirche wurde zu jener Zeit im armenischen Viertel gebaut, und dorthin gingen wir auch zur Schule. Ich war in Akşehir getauft worden, da es bei meiner Geburt in Azizya noch keine Kirche gab.
Tante Lousapere und Onkel Apraham – er war mein Lieblingsonkel, wie sie meine Lieblingstante war – wohnten mit meiner Kusine Hrpsime auf der einen Seite des Flurs und wir auf der anderen. Jede Familie hatte drei Räume für sich: Wohnzimmer, Schlafzimmer und Küche. Wir schliefen alle zusammen in einem Raum. Abends wurde das Bettzeug aus dem Regal, wo es tagsüber verstaut war, heruntergeholt, in der Früh wurde es gelüftet und anschließend wieder weggeräumt. Die Klosetthäuschen befanden sich hinter dem Haus. Wir hatten einen großen Garten, den beide Familien gemeinsam benützten. Dort befand sich auch die Quelle, die zu unserem Haus gehörte. Im Gemüsegarten wechselten wir regelmäßig die Anbausorten, und ich erinnere mich, daß wir in unserem letzten Sommer, den wir dort verbrachten, alle möglichen Melonenarten, einschließlich Wassermelonen, geerntet haben. Der Garten war von einer hohen Mauer umgeben,

die sowohl Abgeschiedenheit als auch Schutz gewährte. Die Mohnfelder lagen außerhalb der Mauer. Dorthin ging ich oft während der Erntezeit und schaute den Frauen bei der Arbeit zu.
Jede Ortsgemeinschaft hatte ein Backhaus, und dorthin wurde aus allen Häusern das Essen zum Kochen gebracht. Jeder Familie stand dafür eine bestimmte vorgeschriebene Zeit zur Verfügung, und die Bäckerei in Azizya war Tag und Nacht in Betrieb. Wenn die Frauen oder Kinder dann wiederkamen, um das fertige Essen abzuholen, bezahlten sie dem Bäcker eine Kleinigkeit für seine Dienste.
Wir unterhielten im Hof unseres Hauses ein Holzkohlenfeuer. Von dort holten wir immer ein paar glühende Kohlen und legten sie in das tragbare Kohlenbecken, Mangal genannt, das für gewöhnlich in der Mitte des Wohnzimmers stand. So konnten wir darum herum sitzen und uns die Füße wärmen, und während der kalten Wintermonate nahmen wir hier auch unsere Mahlzeiten ein. Das Wenige, was wir zu Hause kochten, wurde in der Küche in feuerfesten Keramiktöpfen über dem offenen Feuer zubereitet. Es gab oft Pilav, gedämpften Reis oder gedämpften zerstoßenen Weizen, und zum Abendessen ein Fleisch-Gemüse-Gericht, meist in Form von gefülltem Gemüse, wie zum Beispiel Dolma, gefüllte Weinblätter, oder Auberginen. Und natürlich Joghurt, das wir zu fast allen Mahlzeiten aßen. Wir saßen im Kreis am Boden, auf Sitzkissen, Minder genannt, und aßen mit Löffeln und Gabeln aus glattgeschliffenem Holz aus einer gemeinsamen Schüssel. Man durfte sich nur nehmen, was genau vor einem war – Angeln war verpönt! Ich höre noch, wie Großmama uns Kinder ermahnte: »Verschränkt die Beine unter euch! Benehmt euch zivilisiert.« Sobald dieses Gebot befolgt war, fügte sie hinzu: »Wenn ein Mädchen stirbt, muß die Erde an ihm Gefallen finden. Solange es lebt, muß es in der Gesellschaft Gefallen finden.«
Zum Frühstück gab es Tee und geröstetes Brot. Auch Käse, Wurst und semmelartige Brötchen standen auf dem

Tisch. Wir Kinder strichen uns gern Marmelade auf die Semmeln, aber die Erwachsenen aßen sie trocken. Das Brot, das wir für gewöhnlich aßen, war das sogenannte runde Brot. Wir gingen täglich zum Mittagessen von der Schule nach Hause. Im Sommer aß ich am liebsten rundes Brot, bestrichen mit Mohnbutter und darüber Rosinen gestreut. Das genügte in der heißen Jahreszeit vollkommen, um mich satt zu machen. Der Winter war dagegen ebenso kalt, wie der Sommer drückend heiß und schwül war. Deshalb gab es im Winter oft Joghurtsuppe, die Mutter kräftig mit Pfeffer würzte, um sie besonders scharf zu machen. Joghurtsuppe und Manti, Fleischpastete, war mein Lieblingswinteressen.
Meine Großmutter ließ vor Einbruch des Winters in ihrem Garten ein Loch graben, das sie mit Stroh auslegte und das auf diese Weise zum Aufbewahren von Eis diente. Wenn sich das Wetter dann wieder erwärmte, deckte sie das Loch sorgfältig zu, um die Kälte darin zu speichern, und wenn Besuch kam, konnte sie Surup, eisgekühlten Fruchtsaft, servieren. Großmamas Gäste wußten diese Auszeichnung gehörig zu schätzen.
Meine Schwester war zwei Jahre jünger als ich, aber meine Kusine Hrpsime und ich waren gleich alt und gingen auch zusammen in den Kindergarten, der eine Art Vorschule war. In der Mitte des Klassenzimmers war ein Pfosten aufgestellt, und an seiner Spitze, knapp unterhalb der Decke, hatte die Lehrerin bunte Bänder befestigt. Das Spiel, zu dem das Ganze diente – wir nannten es Haareflechten – war mein Lieblingsspiel. Den Auftakt dazu bildete ein Lied – die Lehrerin begann, und wir alle fielen ein. Gleichzeitig ergriff jeder ein Band in seiner Lieblingsfarbe – meine war immer Blau –, und dann flochten wir die Bänder, eins drunter, eins drüber, bis ein wunderschönes, vielfarbiges Muster entstand. Wir trugen eine rote Schuluniform, und am Oberteil waren vorne die Buchstaben MB aufgestickt, die Abkürzung für Mangabardez, das armenische Wort für Kindergarten.

Unsere Schule befand sich im Stockwerk über dem Kirchenraum. Zum Spielen im Freien hatten wir den Kirchhof, und nach der Schule gingen jene Kinder, die im armenischen Viertel wohnten, dahin, und die, die im türkischen Viertel wohnten, dorthin. Gelegentlich, wenn Hrpsime und ich hinterher Großmama besuchten, schlossen wir uns denen an, die wie Großmama im türkischen Stadtteil wohnten.

Sobald uns Großmama erspähte, wußte sie auch schon, daß wir wieder einmal etwas angestellt hatten oder daß wir aus dem einen oder anderen Grund auf unsere Eltern schlecht zu sprechen waren.

»Kommt her, laßt euch anschauen«, rief sie uns von der Tür aus entgegen. »Also sagt schon, was habt ihr jetzt schon wieder ausgefressen?«

Und ich begann das Klagelied. »Meine Mutter hat mich an den Haaren gerissen!« Hrpsime machte nie den Mund auf. Wenn ich ein trauriges Gesicht schnitt, tat sie es mir nach. Lächelte ich, so lächelte sie auch. Ich war der Anführer.

»So, sie hat dich schon wieder an den Haaren gerissen!« rief Großmama und machte mir zuliebe ein empörtes Gesicht. »Die Hände sollen ihr abfallen – wie kann sie sich unterstehen, dir weh zu tun! – Also kommt schon her, meine kleinen Lieblinge, laßt euch anschauen. Wie wär's mit ein paar Rosinen?«

Wir nickten eifrig und folgten ihr ins Haus. Was gab es Schöneres als die Speisekammer, wo sämtliche Lebensmittel für unsere beiden Familien aufbewahrt wurden. Es roch betörend, würzig und intensiv, und wir blickten in staunender Bewunderung auf die Regale und Töpfe, das Fleisch und den Käse, die von der Decke hingen. Da gab es Wurst und Geräuchertes, Rosinen und Dörrobst, Sülze, Nüsse, Zucker, Kaffee, Honig und Leblebi, getrocknete Kichererbsen, und was nicht noch alles. Unsere Augen konnten sich nicht satt sehen an dieser Herrlichkeit. Es war stets kühl und dunkel in der Speisekammer und sehr geheimnisvoll.

Nachdem wir unser Trostpflaster bekommen und Großmama uns genug gehätschelt hatte, liefen wir hinaus und spielten mit den türkischen Nachbarmädchen. Sie hießen Heidi und Hadisija. Manchmal tauschten wir gegenseitig Brot aus. Heidi brachte öfters ein Stück Fladenbrot mit, und dann sagte ich: »Warte, ich geh schnell noch einmal hinein und hol mir auch ein Stück Brot.« Großmama schnitt mir eine Scheibe ab, und dann tauschten Heidi und ich unser Brot – ihr flaches weißes, ungesäuertes gegen mein rundes Vollweizenbrot.
»Spielen wir Murmeln!« rief plötzlich jemand, und das war für jeden von uns das Signal, fünf gleich große runde Steine zu suchen, die wir für das Spiel brauchten.

Wenn Großpapa von seinem Geschäft nach Hause kam, schlüpften wir hinter ihm ins Haus, so leise als möglich, weil Großpapa selbst sehr still und schweigsam war und für unnötiges Geschwätz nichts übrig hatte. Er wusch sich Gesicht und Hände, und Tante Arousiag reichte ihm ein Handtuch. Dann setzte er sich auf die Kissen in seiner Wohnzimmerecke. Dort stand auch der Vogelkäfig. Großpapa hielt sich einen Hirtenstar, einen schwarz-grau gefiederten Vogel mit roten Füßen. Er unterhielt sich mit ihm, und der Vogel gab Antwort. Nach einer Weile brachte ihm Tante Arousiag auf einem Tablett verschiedene kleine Vorspeisen und Raki, klaren Rosinenschnaps mit Anisgeschmack. Wenn wir feststellten, daß Großpapa gut gelaunt war, traten wir langsam näher und wiegten uns dabei ganz leicht, fast unmerklich, in den Hüften – gerade genug, daß unsere Röcke ein klein wenig schwangen und er uns bemerkte.
»Nun, möchtet ihr vielleicht ein Stück Stadtbrot?« fragte er. Er meinte damit eine bestimmte Sorte Weißbrot, die er öfters aus der Stadt mitbrachte und die wir für unser Leben gern aßen. »Ja«, sagten wir wie aus einem Mund, ohne die Augen vom Boden zu heben. Er legte noch ein Stück Schafkäse oder Wurst darauf, und unser Festschmaus war

fertig. Dann wandte er sich wieder seinem Raki und seinen Appetithäppchen zu und redete mit dem Vogel, während Großmama und Tante Arousiag in der Küche werkten und das Abendessen vorbereiteten. Großvater lächelte selten, außer wenn er sich mit seinem Vogel unterhielt. Er fingerte dabei an seinem Schnurrbart, lächelte und schaute ins Leere. Meine Großmutter war die einzige, die sich nicht vor ihm fürchtete. Wenn er, wic so oft, drauf und dran war, einen Wutanfall zu bekommen, ermahnte sie ihn schnell: »Unbeherrschtheit ist eine Art von Wahnsinn!«

Wir setzten uns alle gemeinsam zum Abendessen nieder, mit Ausnahme meiner drei Kusinen, Mariam, Arshalous und Garabed. Sie waren noch zu klein, um mit uns am Tisch zu essen. Großvater wollte keine kleinen Kinder bei Tisch haben. »Es gibt genug andere Gelegenheiten, ihre Gesichter anzuschauen und über ihr Betragen zu urteilen«, pflegte er ungehalten zu sagen, bevor er den letzten Schluck Raki hinunterstürzte.

Außer den Großeltern, Hrpsime und mir saßen noch mein Onkel Hagop, der Spieler, seine miesepeterige Frau, Tante Arousiag, und meine beiden unverheirateten Onkel Apel und Haig am Tisch. Onkel Apel, der sehr sanft und fromm war, las später, wenn der Tisch abgeräumt und das Geschirr abgewaschen war, laut aus der Bibel vor. Er hatte nur eine große Leidenschaft: er züchtete Hähne für die Hahnenkämpfe, die die Türken veranstalteten. Onkel Haig, mein jüngster Onkel, war ruhig und intelligent. Er lernte Buchführung, um später einmal die Finanzgebarung des Familienbetriebs zu übernehmen.

Wenn wir bei Großmutter waren, blieben wir immer auch über Nacht. Das gehörte unbedingt mit zum Vergnügen. Dann durften wir beide, meine Kusine und ich, zusammen auf einer Matte schlafen und konnten kichern und albern, bis uns die Augen zufielen. Wir schliefen mit den Großeltern im Erdgeschoß, alle anderen schliefen im oberen Stockwerk.

Wenn wir uns zum Schlafengehen fertigmachten, sagte Großpapa wie das Amen im Gebet: »Sind diese Klatschbasen schon wieder da?«
Hrpsime und ich krochen unter die Decke und warteten kichernd darauf, daß Großmama und Großpapa ebenfalls zu Bett gingen. Zuerst zogen sie das Nachthemd an – und wir kicherten. Dann setzten sie ihre kleinen Nachtmützen auf – und wir kicherten noch mehr (natürlich unter der Decke).
»Haltet euer loses Mundwerk!« brummte Großpapa an diesem Punkt der Veranstaltung.
Aber wenn sie dann ihr falsches Gebiß herausnahmen und in ein Wasserglas legten, war es mit uns aus und geschehen. Wir kreischten wie die Irren, unfähig, uns noch länger zurückzuhalten. An diesem Punkt kriegten wir für gewöhnlich den ersten Klaps. Dann beruhigten wir uns für ein Weilchen, aber über kurz oder lang steckte ich den Kopf unter der Decke hervor und machte puhhh, und Hrpsime prustete los.
Jetzt kam Großmutter, riß uns die Decke weg und klatschte jeder von uns zwei- oder dreimal kräftig aufs Hinterteil. »So, das war Nummer zwei«, verkündete sie abschließend, »und dabei bleibt's.«
Und danach war es still, bis der erste Hahn krähte.

Oft sahen wir bei Großmutter den Kaimakam, den Bürgermeister. Er war ein guter Freund der Familie, und er mußte eine Vorliebe für die Armenier haben, weil seine Tochter Lehman in unsere Schule ging. Sie war einige Jahrgänge vor uns, so daß wir sie nicht wirklich gut kannten, aber jedenfalls war sie unser Idol. Sie war sehr hübsch, das außergewöhnliche an ihr aber war die Ponyfrisur. Niemand von uns trug einen solchen Haarschnitt, und wir beneideten sie von Tag zu Tag mehr darum. Unsere Bewunderung ging so weit, daß wir uns eines Tages, als unsere Eltern ausgegangen und wir allein zu Hause waren, gegenseitig Ponys schnitten und uns in

einem Anfall von Tollkühnheit die Haare mit einer Spur Henna färbten, das wir Mutter stibitzten.
Wir spielten im Garten, als unsere Eltern heimkamen. Sie sahen es sofort.
»Veron, was hast du getan!« schrie mich meine Mutter an.
»Nichts, Mama, wir haben nur...«
»Das nennst du nichts?«
»Die Tochter des Bürgermeisters, Mama...« Weiter kam ich nicht. Mit einemmal schlug mich meine Mutter, und meine Tante ohrfeigte Hrpsime.
»Schämt euch«, sagte meine Tante. »Nur türkische Mädchen tragen Ponyfransen. Ihr habt Schande über eure Familie gebracht.«

2

1914

Ich liebte die Mohnfelder, die sich jenseits unseres Gartens erstreckten.
Die Felder, so weit das Auge reichte, gehörten meinem Vater. Eines Morgens standen meine Schwester und ich ganz früh auf, um den Sonnenaufgang zu sehen und die Ankunft der Erntearbeiterinnen zu beobachten. Als wir das Ende der Gartenmauer erreicht hatten, hörten wir schon in der Ferne die Pferdekarren über das Kopfsteinpflaster der Straße heranrattern.
»Warum sind sie verschleiert?« flüsterte Yeghsa, als Wagen in unser Blickfeld kamen.
»Das ist so Brauch«, flüsterte ich zurück, aber auch ich wußte nicht, warum türkische Frauen immer einen Schleier vor dem Gesicht trugen, sogar bei der Arbeit.
Wir beobachteten, wie die Frauen in ihren Pluderhosen und langärmeligen Blusen von den Karren herunterklet-

terten und in die Felder gingen. Die Männer, die sie hergebracht hatten, fuhren wieder weg.
Ich wußte mir nichts Schöneres, als den Frauen bei der Arbeit zuzuschauen und zu hören, wie sie sangen und sich gegenseitig zuriefen und lachten, während sie, über die Mohnpflanzen gebeugt, mit einem kleinen Messer die noch unreifen Fruchtkapseln anritzten.
Die orangerote Sonne schimmerte am Horizont herauf und ließ die bunten Kleider der Arbeiterinnen aufleuchten – purpurn, schwarz, orange und dunkelrot zwischen den blaßgrünen Mohnpflanzen, die sich zart im Wind bewegten.
»Oh, Yeghsa, ist es nicht schön!« seufzte ich.
Am Nachmittag dieses Tages picknickten Mutter, Yeghisapet und ich unter einem Baum in unserem Garten. Mutter hatte vom Haus Käse und Lavasch, Fladenbrot, mitgebracht, und vom Melonenbeet im Garten holten wir uns eine Wassermelone und zerteilten sie.
»Ich habe euch heute früh zu den Feldern gehen sehen«, sagte Mutter. Yeghsa und ich schauten uns an. Wir hatten keine Ahnung gehabt, daß sie uns gesehen hatte. »Ihr dürft die grünen Kapseln nicht anrühren, sie sind giftig.«
»Sie haben sie aufgeschnitten, Mama, und etwas Milchiges ist herausgekommen«, sagte ich.
»Dieser milchige Saft erstarrt über Nacht zu einer zähen Masse, und am folgenden Tag kommen die Männer, sammeln die Klümpchen ein und kneten sie zu Kugeln. Das sind die Kugeln, die Vater dann verkauft.«
»Sie sehen aus wie Brotteig, Mama«, meinte Yeghsa.
»Ja, schon möglich.«
»Ich esse die schwarzen Samenkörner so gern«, fügte Yeghsa hinzu.
»Ich sehe dich auch immerzu aus dem Topf naschen, in dem ich den Mohn für unseren Mohnkuchen aufbewahre«, sagte Mutter und streckte die Hand aus, um meine Schwester in den Po zu kneifen.
»Was wird noch aus Mohn gemacht, Mama?« fragte ich.

»Man gewinnt daraus ein Öl, das wir zum Kochen verwenden, und die Blätter werden manchmal auch als Salat gegessen. Aber von allem das Beste ist unser Kaschkasch, die Mohnbutter, die wir aus den Samen bereiten.«

Ostern war von allen Festen das schönste für mich. Die Festlichkeiten erstreckten sich immer über zwei oder drei ganze Tage. Mutter nähte blaue und rosa Kleider für Yeghisapet und mich. Wir färbten hartgekochte Eier mit Zwiebelschalen, und dann suchten wir diejenigen heraus, die wir für die robustesten hielten, und nahmen sie zum Eierpecken in die Schule mit.

Das Osterfest wurde im Kreis der ganzen Familie gefeiert – natürlich bei Großmutter, wo wir auch sonst immer die Feiertage verbrachten. Nachdem wir eingetreten waren, begrüßten wir jeden einzelnen der dort Anwesenden mit den Worten: »Christus ist auferstanden von den Toten«, und der andere antwortete: »Gelobt sei die Auferstehung des Herrn.« Danach gingen wir ins Wohnzimmer und küßten unseren Großeltern beide Hände, eine nach der anderen. Und dann bekamen alle Kinder Süßigkeiten – manchmal auch Geld. Und Großmama führte uns in die Speisekammer. Sie machte eine feierliche und spannende Handlung daraus.

»Also, was möchtet ihr, meine kleinen Lieblinge?«

»Leblebi«, platzte Hrpsime, die die getrockneten Kichererbsen über alles liebte, heraus. Sie konnte sich einfach nicht zurückhalten.

Mariam mochte kandierte Früchte am liebsten.

»Und du, Yeghsa?« fragte ich meine Schwester, weil sie in Großmutters Gegenwart immer so schüchtern war.

»Ich weiß nicht.«

»Möchtest du Helva?« Helva ist Türkischer Honig. »Oder Leblebi? Oder was sonst?«

Keine Antwort.

»Kandierte Früchte, wie Mariam?«

»Was nimmst du dir, Veron?«

Ich liebte Helva. »Helva, glaube ich.«
»Ich möchte auch Helva.«
Die Kleinen – Arshalous, Garabed und mein Bruder Apkar – hielten sich scheu im Hintergrund. Aber Großmutter lockte sie nach vorn und sagte: »Zeigt einmal eure Hände her«, und sogleich streckten sich ihr drei offene Händchen entgegen – nein vier, weil Apkar gleich beide Hände vorzeigte. Und dann gab Großmutter auch ihnen Süßigkeiten.
Wichtiger als alles andere aber war die Kirche! Nicht alle Kinder gingen gern zur Kirche. Ich schon. Am besten gefiel mir der Chor. Immer hatte ich das Gefühl, Gottvater, wie wir Ihn nannten, sei überall in der Kirche gegenwärtig, am stärksten spürte ich Seine Gegenwart jedoch in den Stimmen der Sänger. Ich bewunderte ihre weißen Gewänder mit dem großen roten Kreuz auf dem Rücken und wie sie sich vor dem Chormeister zusammendrängten, der mit der rechten Hand den Takt schlug. Plötzlich tauchte vor mir das Bild der Störche mit ihren Jungen auf, die oft auf den Dächern unserer Häuser nisteten. Manche Leute behaupteten, der Storch bringe die Babys, aber das glaubte ich nicht. Ich war überzeugt, sie alle kämen direkt von Gott. Der Gedanke, daß ich von meinen Eltern gezeugt und geboren worden sei, war fern von mir. Ich glaubte, ich gehörte Gott, und Er gehörte mir. Als ich nun im Geist vor mir die Störche sah, die ihre Jungen fütterten, und als die Sänger die Stimmen zum Himmel erhoben – wie die Vogelbabys ihre winzigen Schnäbel –, erfühlte ich mich selbst in ihren Stimmen, die versuchten, wieder zu Gottvater in den Himmel zu gelangen.

Die Osterzeit begann mit Parkendagh, dem großen Festtag, der am Dienstag vor Beginn der Fastenzeit begangen wurde. Großvater schlachtete ein Lamm, und wir aßen Schischkebab mit Pilav sowie alle möglichen Vor- und Nachspeisen. Die nachfolgende Fastenzeit wurde streng eingehalten – vierzig Tage, an denen weder Fisch noch Fleisch gegessen wurde. Am Vorabend des Auferstehungssonntags wurde sie wiederum mit einem sorgfältig zusammengestellten Festmahl beendet. Während der Fastenzeit ging meine Familie zweimal täglich, morgens und abends, geschlossen in die Kirche, um zu beten.

Ich liebte die Feiertage nicht zuletzt auch deshalb, weil sie mit dem Besuch bei Großmutter verbunden waren. Bis zu einem gewissen Grad fühlte ich mich ihr näher als meinen Eltern. Selbst wenn ich den Sinn ihrer Worte nicht immer begriff, erfaßte und verstand ich, was uns gefühlsmäßig verband, und dieses Gefühl rief mir lange danach auch ihre Worte wieder in Erinnerung. Sie wußte, daß ich oft die Nase voll davon hatte, auf meine kleinen Brüder, ja auch noch auf meine Schwester aufzupassen, weil ich die Älteste war. Mit meinen sieben Jahren hatte ich schon eine Menge Pflichten.

»Wie hübsch deine Kinder alle miteinander sind, Aghavni«, pflegte sie bei unserem gemeinsamen Eintreffen oft zu meiner Mutter zu sagen. »Siehst du«, fügte sie dann, unmißverständlich an mich gewandt, hinzu, »ihr zwei Mädchen seid nicht bloß Töchter, ihr seid auch Schwestern. Das macht euch doppelt stark. Eine Hand allein kann nicht klatschen, zwei Hände können es wohl.«

Eins der letzten Gespräche, die Großmama mit mir führte, bevor unser glückliches Leben ein Ende fand, habe ich nie vergessen. Was sie sagte, stimmte mich sehr traurig, gleichzeitig aber gab es mir das Gefühl, erwachsen zu sein, und in der Traurigkeit schwang auch etwas Glück mit.

An einem Freitag war ich ganz allein zu Großmama gegangen, und da der Samstag schulfrei war, begleitete sie mich in der Früh nach Hause. Es war ein frischer Herbstmorgen. Der Himmel war wolkenlos, und in der Ferne hörte man die Stimme des Muezzins, der die Gläubigen zum Gebet rief. In den Straßen wimmelte es von Menschen, spielenden Kindern, hin und her rennenden Jun-

gen; und Erwachsenen, hauptsächlich Männern, die dahinschlurften und mit den Glasperlen spielten, die sie, zu einer Kette aufgereiht, immer bei sich trugen.
»Setzen wir uns einen Moment«, sagte Großmama, als wir bei einer Baustelle vorbeikamen. Wir suchten uns zwei geeignete große Steine aus und setzten uns darauf.
Ein Weilchen saßen wir schweigend da, dann plötzlich hörte ich mich selbst sagen: »Großmama, ich wünschte, alle Menschen könnten froh sein.«
»Wie kommst du darauf, Veron?«
»Papa und Großpapa reden fast überhaupt nichts, und sie wirken so traurig. Warum, Großmama, warum sind sie traurig?«
»Weil Gott jedem Menschen ein Leid mitgegeben hat, so, wie Er jedem Baum einen Wurm eingepflanzt hat. Nur das erwachsene Geschöpf ist sich dessen bewußt, weil es sich erst im Laufe der Zeit offenbart.«
»Ich glaube nicht, daß ich jemals trübsinnig werde, Großmama, weil ich immer und in allem das Gute sehen will. Ich lasse keine Traurigkeit in mich ein.«
»Das habe ich schon bemerkt. Du siehst immer nur das Erfreuliche in den Dingen. Darin liegt ein Sinn verborgen, und eines Tages wird er ans Licht kommen. Einstweilen ist es einfach eines der Geheimnisse des Lebens – eins von Gottes Geheimnissen. Wie das, warum du so bist und Yeghisapet anders, zum Beispiel. Jeder einzelne, der zur Welt kommt, ist anders als alle anderen. Jeder! Gott wiederholt Sich nicht.«
»Ich möchte, daß jeder einzelne glücklich ist – und gut!«
»Mögest du ebenso stark sein, wie du zuversichtlich bist, mein Liebling. Ich glaube, daß du es bist oder sein wirst – falls einmal eine Zeit kommt, wo es notwendig ist.«
Großmama redete mit mir stets so, als wären wir im gleichen Alter. Einmal fragte ich meine Mutter, wie das möglich sei. Sie sagte, ich sei das Lieblingsenkelkind meiner Großmutter, schon deshalb, weil ich das erstgeborene Kind ihres ältesten Sohnes sei. Bei dieser Gelegenheit

erzählte sie mir auch, daß Großmama außer ihren fünf Söhnen noch drei Töchter gehabt habe. Alle drei waren im Kindesalter gestorben. Die älteste hatte Veron geheißen, und so war ich zu meinem Namen gekommen.
Großmama war in Gedanken versunken, und ich meinte schon, das Gespräch sei beendet, da sagte sie plötzlich: »Ich hoffe, daß dein Leben nie von Trauer überschattet werde, Veron. Aber keiner vermag zu lesen, was auf eines anderen Stirn geschrieben steht.« Wieder dachte sie nach, doch nicht lange. »Du hast einen lebhaften Geist und ein großzügiges Herz. Du schlägst deiner Mutter nach.«
»Wirklich?« Ich hatte gehofft, daß sie das sagen würde. Ich war nicht das Lieblingskind meiner Mutter, meine Brüder bedeuteten ihr mehr.
»Wie war deine Mutter, Großmama?«
»Ich sage dir immerzu Sachen, von denen ich möchte, daß du sie dir merkst. Ich weiß, vieles davon wirst du vergessen, doch ebenso weiß ich, daß dir *einiges* davon in Erinnerung bleiben wird. Wie zum Beispiel unser heutiges Gespräch. Ich werde dir also von meiner Mutter erzählen. Vor allem will ich an dich weitergeben, was sie oft und oft gesagt hat und was sich mir eingeprägt hat wie nichts sonst in meinem Leben. Sie pflegte zu sagen: ›Wichtig ist, im Alter Frieden zu finden.‹«
»Ich habe geglaubt, im Alter hat jeder Frieden.«
»Das trifft nur auf wenige Menschen zu. Denn obwohl Frieden mit Alter gleichgesetzt wird, muß man danach trachten und ihn sich zu eigen machen, bevor man alt geworden ist. Man muß ihn *vorbereiten.«*
»Wann ist die beste Zeit zum Vorbereiten, Großmama?«
»Im verantwortlichen Alter.«
»Wann ist das?«
»Jetzt noch nicht jedenfalls«, sagte Großmama und lachte, »was dich betrifft, meine ich.«
»Ich verstehe dich nicht, Großmama.«
»Ich sage dir in diesem Zusammenhang noch etwas, was du nicht verstehen wirst. Ebenfalls ein Ausspruch meiner

Mutter, einer, den es für uns beide zu bedenken gilt. ›Was du in der Kindheit lernst, ist in Stein gemeißelt. Was du im Alter lernst, ist in Eis geritzt.‹«

»Gehn wir jetzt nach Hause, Großmama?«

»Ja natürlich, mein Liebling. Sicher machen sie sich daheim schon Gedanken, wo ich so lange mit dir bleibe.«

Schweigend setzten wir unseren Weg fort, und mit einemmal mußte ich an unsere kleinen Katzen denken. Yeghsa und ich hängten unseren Kätzchen immer winzige Baumwollohrringe an, und wenn sie dann den Kopf schüttelten, baumelten die kleinen Baumwollkugeln lustig hin und her.

»Großmama, erzähl mir die Geschichte, wie Tekyoos unserem Papa das Leben rettete und Mama sich die Hand verbrannte.«

»Wie kommst du denn jetzt darauf, Veron?«

»Ich habe an unsere Kätzchen gedacht.«

»Ah... Nun also, wie du weißt, besitzen deine Eltern keinen Stall. Immer wenn dein Vater von der Reise heimkommt, bringt er Pferd und Wagen zu uns herüber. Aus irgendeinem unerfindlichen Grund fangen jedesmal, wenn er beim Haus der Margarians den Fluß erreicht und die kleine Holzbrücke dort überquert, sämtliche Hunde in der Nachbarschaft zu bellen an. Dadurch scheint unser Hund Tekyoos zu wissen, daß dein Vater im Anmarsch ist. Sobald Tekyoos bellend zur Tür läuft, läßt ihn Großpapa hinaus und sagt: ›Benyat kommt! Lauf Benyat entgegen, Tekyoos!‹ An jenem Tag damals ging dein Vater morgens mit einer schlimmen Erkältung zur Arbeit. Wir wollten ihn davon abhalten, aber er hörte nicht auf uns. Er hat genauso einen Dickkopf wie du! Als er sich gegen Abend dann auf den Heimweg machte, hatte er Schüttelfrost und hohes Fieber. Zum Glück kannten die Pferde den Weg. Dein Vater hatte sich in seinen Mantel gewickelt, und irgendwann – niemand weiß, wann genau – wurde er ohnmächtig. So brachten ihn die Pferde heim, und als er nicht vom Wagen stieg, kam Tekyoos aus dem Stall gelaufen und kratzte an unsere Tür.«

»Ich vergesse immer wieder den Namen seiner Krankheit, Großmama.«

»Dein Vater hatte Pneumonie, Lungenentzündung. Wir machten uns schreckliche Sorgen, weil er doch so zart und dünn ist. Meistens überleben die Leute mit Lungenentzündung nicht länger als fünf oder sechs Tage... Nun, Onkel Haig fuhr nach Smyrna und brachte von dort einen Arzt mit, der deinem Vater eine bestimmte Diät verschrieb: Milchreis, weichgekochte Eier; Steak, nur leicht angebraten; und warmen Weinschaum, mit Milch verkocht. Lauter nahrhafte Dinge. Und zu mir sagte er: ›Ihr Junge wird am Leben bleiben. Und er wird nie wieder krank werden. Er wird einmal im Stehen sterben.‹«

»Wie kann er das wissen, Großmama?«

»Ärzte wissen so etwas eben, mein Liebling. Sie brauchen dich nur einmal anzuschauen, um eine ganze Menge über dich zu wissen. Er gab deinem Vater irgend etwas ein, damit das Fieber noch höher stieg, und das hat ihm geholfen. Trotzdem war er sehr lange krank. Er lag im Bett und phantasierte, und manchmal riß es ihn aus seinen Fieberträumen hoch.«

»Und der Arzt ist bei uns geblieben, bis Mama eines Tages etwas sah und sich die Hand verbrannte, nicht wahr?«

»Richtig. Deine Mutter war im Garten draußen, sie hatte gerade die Wäsche abgenommen, und als sie ins Zimmer trat, erschien ihr ein Heiliger und sagte ihr, daß Benyat am Leben bleiben werde. Du warst dabei, erinnerst du dich?«

»Ich erinnere mich, daß sie ganz komische Augen hatte. Sie kam herein und legte die Hand auf den Ofen. Ich rief: ›Mama, Mama, du verbrennst dir die Hand!‹, aber sie hörte mich nicht und spürte die Hitze nicht. Sie sagte nur immer wieder: ›Er wird am Leben bleiben! Er wird am Leben bleiben!‹ Wie hat sie es wissen können, Großmama?«

»Manche Menschen können in die Zukunft blicken.«

»Wie ist das möglich?«

»Niemand weiß das genau. Es ist eine Gottesgabe. Einige

in unserer Familie haben sie, aber keiner so ausgeprägt wie deine Mutter. Nun«, sagte Großmama und hob den Kopf, »unsere Geschichte hat uns heimgeleitet, wie ich sehe.«
Es war nicht daran zu rütteln, wir waren zu Hause. Yeghsa lief uns entgegen, unsere gemeinsame Puppe fest an sich gedrückt. »Veron, Veron, eins der Kätzchen ist in den Garten gelaufen, und wir können es nicht finden.«
»Ich muß jetzt gehen, Großmama«, sagte ich, bemüht, höflich zu sein und meine Aufregung nicht zu zeigen. Ich konnte es kaum erwarten, loszurennen und mit meiner Schwester zu spielen und wieder albern und ausgelassen zu sein.

Einmal wöchentlich schallte der Ruf durchs Haus: »Wir gehen ins türkische Bad!« Das betraf Großmama, meine beiden Tanten, meine Mutter, Hrpsime und mich. Mutter und Tante Lousapere zogen uns von Kopf bis Fuß weiß an, und dann machten wir uns auf den Weg, jeder mit seinem Bündel ausgerüstet, in dem die Badesachen steckten: flauschige weiße Handtücher, mit Perlmutter eingelegte Pantinen, ein ocker und weinrot gestreifter Badeschurz aus feiner Seide, Peschtamal genannt, ein goldener Krug zum Wasserschöpfen, Orangen für uns und für die Erwachsenen Turschu, Essigfrüchte, die nach dem Baden gegessen wurden.
Das schönste an jedem Badbesuch waren für Hrpsime und mich die Vorbereitungen, die Aufregung, die prickelnde Freude, zusammen mit den Frauen der Familie die Straße hinunterzugehen – voran Großmama, stolz, würdevoll, nicht nach links oder rechts blickend, was uns die Gewißheit gab, daß kein einziger Türke es wagte, uns nachzuschauen.
Die Frauen in der Eingangshalle, gegenüber dem Goldfischbrunnen, begrüßten uns lächelnd und mit Komplimenten und erkundigten sich nach der Gesundheit und dem Wohlergehen der Familie. Nach diesem zeremoniellen Austausch von Höflichkeiten, den Großmama allein

bestritt, begaben wir uns in unsere Abteilung und machten uns zum Baden fertig. Jedes Badehaus, Hamam genannt, hatte einen Bademeister. Untertags, wenn die Frauen, Mädchen und kleinen Jungen badeten, übernahm eine Frau diese Aufgabe; am Abend, wenn die Männer an der Reihe waren, war der Bademeister natürlich ein Mann.

Jetzt machten wir uns also bereit, um ins »Heißhaus« zu gehen, wie Hrpsime und ich es nannten. Wir banden unseren Peschtamal um, der um die Hüften geschlungen wurde und bis zu den Knien reichte, schlüpften in die Pantinen und schritten stolz ins Bad.

Aber sobald wir drinnen waren, hatte der Spaß ein Ende. Es war uns zu heiß. Und zu laut. Es waren zu viele kleine Jungen da, die spritzten und kreischten. Gar nicht zu reden von all den dicken und fetten Weibern mit ihren Speckwülsten und Schwabbelfalten. Wir versammelten uns alle am Rand des Wassers, und da saßen wir nun. Und wurden gebadet... oh, und wie wir gebadet wurden! Sie scheuerten und schrubbten uns, daß uns Hören und Sehen verging. Hrpsime und ich quietschten und schrien und jammerten, aber sie kannten kein Erbarmen, wir mußten die Prozedur über uns ergehen lassen. Und nicht nur einmal, sondern sogar zweimal! Nach der ersten Marterung stäubten sie uns etwas Puder ins Haar und schickten uns zurück in den Ruheraum, damit sie selbst in der Zwischenzeit ungestört baden konnten. Anschließend holten sie uns dann zum zweiten Durchgang. Sosehr wir auch bettelten, uns die neuerliche Schrubberei in diesem heißen, dampfenden Raum voll fetter Weiber und brüllender Jungen zu ersparen, es half uns nichts. »Nein!« hieß es erbarmungslos. »Ihr seid noch nicht sauber!« Also ging es zurück ins Bad. Hinterher tat uns jeder Zentimeter des Körpers weh. Sie wuschen uns sogar noch einmal die Haare. Dann bekamen wir einen perlenbestickten und mit Spitzen besetzten Turban aufgesetzt und marschierten zurück in unseren Aufenthaltsraum. Jetzt durften wir die Orangen essen, während sich die Erwachsenen an den

Essigfrüchten labten. Dann ruhten wir uns aus und konnten *endlich* den Luxus des Bades genießen.
Das allerletzte Ritual stand noch aus, es bildete den Abschluß jedes Badebesuchs. Die Erwachsenen schütteten sich gegenseitig Wasser über die Füße, mit den Worten: »Möge dir das Wasser Gesundheit schenken!« Darauf folgte die Antwort: »Die Gesundheit ist dein!«
Und dann gingen wir heim.
Am Abend, wenn Vater nach Hause kam, sagte er zu mir: »Aha, haben sie dich also wieder ins Bad geschleppt?«
»Jaaa«, antwortete ich jammervoll, seufzte und schaute zu Boden.
»Wie sehr haben sie dich geschrubbt – sehr sehr?«
»Sehr, sehr sehr, Papa. Ganz schrecklich sehr!«
»Laß sehen«, sagte er dann. »Schaun wir einmal nach, wie schlimm es ist.«
»Ich bin ganz wund«, wimmerte ich, »ich bin rundherum wund!«
»Diese Ungeheuer!« rief er und machte ein Gesicht, halb verschmitzt und halb mitleidig.
Plötzlich ging mein siebentes Jahr zu Ende.
Das nächste Jahr sollte das längste meines Lebens sein.
In diesem Alter fingen die Mädchen für gewöhnlich an, allerlei Handarbeiten zu lernen. Unsere Mütter schickten uns zu einem der älteren Mädchen, die schon eifrig dabei waren, ihre Aussteuertruhen zu füllen. Sie unterwiesen uns nun gegen ein kleines oder größeres Entgelt, je nachdem, in den verschiedenen Haushaltskünsten. Somit war beiden geholfen.
Es war Sommer, doch mit der grenzenlosen Freiheit sommerlicher Spiele war es vorbei. Wir durften zwar noch spielen und im Garten sein und Großmama besuchen, aber nur zu bestimmten Zeiten. Machte ich ein langes Gesicht, wenn Mutter mir eine Arbeit verschaffte, so sagte sie: »Was du auch tust, Veron, du tust es für dich.« Aber dieser Rat, den ich erst später beherzigte, besserte meine Laune nicht.

3

1915

Ich hatte nie über die Zeit und die gegenwärtigen Verhältnisse oder über etwaige Veränderungen nachgedacht. Doch allmählich machten sich Veränderungen bemerkbar. Unser Leben ging weiter wie zuvor, aber auf unsere Tage, die ewig sonnig zu sein schienen, senkte sich eine dunkle Wolke herab.

Zum ersten Mal erfaßte ich den Ernst unseres Problems mit den Türken. Ich hatte schon immer gewußt, daß die Türken nicht unsere Freunde waren, obwohl es auch solche gab, mit denen wir freundschaftlich verkehrten. Aber jetzt auf einmal schienen sie in Wahrheit unsere Feinde zu sein. Wir waren Christen, und die Türken waren Moslems. Aber was uns trennte, war nicht nur die Religion. Wir unterschieden uns auch in der Sprache, der Rasse sowie im Brauchtum. Wir lebten auf demselben Boden, jetzt erfuhr ich jedoch, daß es ein Besitzrecht auf den Boden gab, und der gegenwärtige Besitzer dieses Grunds und Bodens, den wir stets Heimaterde genannt hatten, war die Türkei.

Großmama hatte schon früher einmal angedeutet, daß es zu Auseinandersetzungen zwischen den Armeniern und den Türken kommen könnte. Aber jetzt wurde offen darüber gesprochen. Nicht nur Großmama, sondern alle in unserem Viertel sagten es. Ich erfuhr, daß die Türken wenige Jahre zuvor, 1895, einige hunderttausend Armenier niedergemetzelt hatten, und dann noch einmal, 1909 in Adana, als ich zwei Jahre alt war. Und jetzt verbreitete sich das Gerücht, daß neuerliche Massaker bevorstünden. Ich begriff das alles nicht, aber ich sah, daß die Großen beunruhigt waren, und das beunruhigte auch mich. Und so fing ich an, mit den anderen Kindern darüber zu reden. Niemand verstand, was da vor sich ging, aber ich stellte fest, daß auch die anderen Kinder Angst hatten. Und mit

einemmal wurde mir klar, daß unsere Furcht nicht eingebildet, nicht kindisch, sondern ganz real war und eine tiefe Wurzel hatte.
Ich hörte Flüstern – daheim und bei Großmama, besonders nachts, wenn meine Eltern glaubten, daß wir schliefen. Aber mehr noch als das Geflüster zeigte mir ihr sichtbares Verhalten, die Art und Weise, wie sie sprachen und sich bewegten, daß etwas faul war. Ich schnappte Worte auf wie »Deportation«, »Massaker« und »Vernichtung«. Der Klang dieser Worte behagte mir nicht, noch weniger aber behagte mir der Gesichtsausdruck desjenigen, der sie in den Mund nahm.
Ungefähr zur selben Zeit wurden Onkel Apraham und Onkel Hagop zur türkischen Armee einberufen. Als ich Großmama fragte, was das bedeutete, sagte sie etwas vom Weltkrieg.

Eines Sonntags war es dann soweit.
Wir sollten deportiert werden – und jetzt verstand ich, was »Deportation« bedeutete. Man gab uns drei Tage Zeit, um unsere Sachen zu packen und unsere Häuser zu verlassen. Niemand wußte, wohin wir verschickt werden würden. Die Leute gingen daran, einen Teil ihrer Habe zu verschenken, sie redeten mit schriller Stimme miteinander, um dann oft schluchzend zusammenzubrechen. Ich erinnere mich nicht mehr an die Predigt an jenem Sonntag in der Kirche, nur an den Kummer und die Besorgnis, die aus der Stimme des Priesters sprachen und die er nicht unterdrücken konnte.
Zuerst wollte ich Fragen stellen, aber was da geschah, war einfach zu schrecklich, um es in Worte zu kleiden. Ich redete mir ein, daß alles wieder gut werden würde. Ich versuchte vernünftig zu denken: Warum sollten uns die Türken das antun? Warum sollten sie uns von daheim vertreiben? Aber ich fand keine Antwort, und so betete ich zu Gott, Er möge uns von diesem Übel und mich von dem Durcheinander in meinem Kopf erlösen.

Ich mußte die Kinder hüten, während Mutter packte und sich um die letzten Einzelheiten kümmerte. Alles verschwamm in einem Nebel aus Schmerz, Aufregung und Angst. Großmama war jeden Tag bei uns. Da zwei ihrer Söhne in der türkischen Armee waren, wurde sie nicht deportiert. Großpapa hingegen schon. Meine zwei Tanten durften ebenfalls zu Hause bleiben, weil ihre Männer in der Armee waren, und Hrpsime auch. Ich wünschte, Tante Lousapere käme mit, und zugleich war ich eifersüchtig auf Hrpsime, weil sie uns nicht auf unserem »Marsch« begleiten würde, wie manche Leute das, was uns bevorstand, bereits bezeichneten.

Am letzten Tag vor unserer Abreise ging Vater, um unseren Pferdewagen aus dem Stall zu holen. Und dann begannen wir unser Gepäck aufzuladen. Wir nahmen nur das Notwendigste mit, Bettzeug, Kochgeschirr und ein paar andere unerläßliche Dinge. Ich stellte fest, daß Vater Rucksäcke und Ranzen gekauft hatte, und fragte mich, wozu wir die wohl brauchten, da unser Wagen groß genug war, um uns alle aufzunehmen. Ich sah, daß Vater unsere zwei kräftigsten Pferde angeschirrt hatte. Unsere sämtlichen Wertgegenstände hatten wir zu Großmama geschafft, um sie für die Dauer unserer Abwesenheit in Sicherheit zu wissen. Bedeutete das, daß wir zurückkehren würden? Über dieses Thema wollte niemand sprechen. Schließlich konnten wir diese Dinge nicht einfach in unseren Häusern zurücklassen, die, wie es hieß, nicht lange leerstehen würden. Hrpsime und Tante Lousapere waren bereits zu Großmama übersiedelt.

Als alles im Wagen verstaut war, gingen wir zu Großmama hinüber, um dort unsere letzte Nacht gemeinsam als eine Familie zu verbringen. Am folgenden Morgen mußten sich alle Armenier von Azizya, die keine Ausnahmegenehmigung hatten, auf dem Stadtplatz einfinden.

Es war das traurigste Abendessen, das ich je erlebt hatte. Schließlich ergriff Großmama das Wort.

»Wenn wir auch auseinandergerissen werden«, begann

sie, »so sind und bleiben wir doch eine Familie. Wenn einer von uns sterben sollte, wird in jedem von uns etwas sterben; und wenn nur einer von uns am Leben bleibt, wird von jedem einzelnen ein Teil in uns weiterleben. Auf Unglück läßt sich kein Glück bauen. Was der Türke tut, ist Wahnsinn. Um unsertwillen dürfen wir niemals die Hoffnung aufgeben oder den Glauben an das Leben verlieren, oder den Glauben an Gott. Es gibt Glück, das Unheil, und Unheil, das Glück nach sich zieht. Warten wir ab und sehen wir zu, welches der Tore Gottes sich uns öffnen wird.« Sie brach ab und sah uns alle der Reihe nach an, ehe sie weitersprach. »Dieses Haus und unser Hab und Gut sind vorläufig sicher. Was das betrifft, sind wir glücklicher als die meisten anderen. Die Straße, die von hier fortführt, mag auch wieder zurückführen. In diesem Gedanken werden wir in unseren dunkelsten Momenten Trost finden. Sollte euch die Flucht gelingen, werden wir nachfolgen. Kommt alles anders, und ihr kehrt zurück, werden wir hier auf euch warten.«
Ich verstand nicht viel von dem, was sie sagte. Aber diese letzten Worte berührten mich tief. Jetzt fiel es mir leichter, mich damit abzufinden, daß Großmama nicht mit uns kam. Und ich war fest entschlossen zurückzukehren.
Ich glaube, in dieser Nacht schlief niemand. Am frühen Morgen luden noch Onkel Apel und Onkel Haig ihre Sachen auf den Wagen. Und dann begann das lange Abschiednehmen. Keiner bemühte sich, die Tränen zurückzudrängen. Ich hatte Großmama bisher noch nie weinen sehen. Sie zitterte nicht und wehklagte nicht wie manche andere, aber Tränen liefen über ihre Wangen herab. Ich brachte kein Wort heraus, und dann, plötzlich, fing auch ich an zu weinen. Ich warf mich in Großmamas Arme und wollte sie nicht mehr loslassen. »Mein liebstes Kind«, sagte sie immer und immer wieder, »Gott wird dich mir zurückgeben. Ich weiß es.«
Darüber hinaus erinnere ich mich an nichts mehr. Als ich ein letztes Mal zurückblickte, standen sie, die wir hinter

uns zurückließen, Seite an Seite, mit hocherhobenen Armen: Großmama, Tante Lousapere, Hrpsime, Tante Arousiag mit Garabed auf dem Arm, und Mariam, halb hinter ihr versteckt. Niemals zuvor habe ich meine Familie so sehr geliebt wie in diesem Augenblick. Gleichzeitig ging eine Veränderung in mir vor. Mir wurde klar, daß ich anfangen mußte, mich um meine kleinen Geschwister zu kümmern, in einer Weise, wie ich es bisher nicht getan hatte. Ich erkannte, was eine Familie bedeutete.

Ich war eingeschlafen. Als ich die Augen öffnete, erblickte ich eine vollkommen neue Welt. Alles ringsherum war neu für mich. Ich hatte bisher nur Azizya gekannt, und jetzt plötzlich war es, als befände ich mich in einem anderen Land. Einen Moment lang vergaß ich, aus welchem Grund wir unterwegs waren. Wir durchquerten eine langgestreckte Ebene, und in der Ferne erhob sich ein wunderschöner Berg, der Sultan Dagh, wie mir Vater schnell erklärte. In einiger Entfernung fuhr ein Eisenbahnzug – die erste Eisenbahn, die ich in meinem Leben sah. Voll Staunen betrachtete ich alles, was sich mir da an Unbekanntem erschloß. Im Handumdrehen, so schien es, befanden wir uns auf einem Damm und näherten uns einem Sumpfgebiet, durch das ein breiter Fluß strömte. Doch als ich zurückschaute, sah ich einen langen Menschenzug, der uns folgte: ein schwarzes Band von Flüchtlingen, die Köpfe gesenkt, viele von ihnen mit Babys, die sie auf dem Rücken festgebunden hatten.

»Komm, ich hebe dich hoch, Veron«, sagte Onkel Apel, »damit du den Akşehir-See sehen kannst.« Meine Aufregung rührte ihn, so daß er lächelte.

Yeghisapet redete auf unsere Puppe ein. Soviel ich verstehen konnte, versuchte sie der Puppe zu erklären, wie wir in diesen Wagen gekommen waren und warum wir uns auf diese Reise begeben hatten. Meine Brüder hatten sich beide niedergelegt und schauten sehr unglücklich drein. Einen Moment lang hatte ich ein schlechtes Gewissen, daß

ich so vergnügt war. Deshalb kroch ich zu ihnen hinüber und versuchte sie aufzumuntern.
Nach einer Weile rief Onkel Haig meinem Vater auf dem Kutschbock zu: »Benyat, der Ortstafel nach, die wir vorhin passiert haben, müssen wir bald nach Akşehir kommen. Ist das nicht die Geburts- und Sterbestadt von Nasreddin Hodscha?«
»Ja«, rief mein Vater zurück, »das ist sie. Vor einigen Jahren hatte ich einmal Gelegenheit, sein Grab zu besuchen.«
Bei diesem Gespräch spitzte Großpapa die Ohren. Großpapa liebte die zahlreichen heiteren Geschichten und Schwänke, die sich um Nasreddin Hodscha rankten, der im 13. oder 14. Jahrhundert gelebt haben soll und zu einem Helden der türkischen Volksliteratur geworden war. Normalerweise hätte Großpapa jetzt eine Nasreddin-Hodscha-Geschichte erzählt. Aber sein Lächeln wich, kaum daß es sein Gesicht erhellt hatte, wieder dem sorgenvollen, finsteren Blick, und sein Mund blieb geschlossen.
Die Stadt war von schönen Gärten umgeben, und ich hoffte, wir würden hier verweilen. Aber wir fuhren weiter. Erst wenn die Gendarmen, die uns begleiteten, es befahlen, würden wir haltmachen, erklärte Vater; erst dann und nicht früher.

In der Nacht, als die Gendarmen das Signal dazu gaben, hielten wir an. Die Leute schlugen ihre Zelte auf und kochten sich etwas zum Essen. Unser Wagen war für uns alle zum Schlafen groß genug, aber damit es nicht gar zu eng und gedrängt darin war, schliefen die Männer mit Ausnahme von Großpapa unter dem Wagen. Die Gendarmen weckten uns sehr früh am Morgen und kommandierten uns zurück auf die Straße.
Am Nachmittag des vierten Tages erblickte ich in der Ferne eine Kette von Mauern. Ich hörte, wie Vater meiner Mutter erklärte, dies seien die Mauern von Konya, das

einst die Hauptstadt des Seldschukenreichs gewesen war. Aber es dauerte noch eine Weile, bis wir die Mauern erreichten. Je näher wir kamen, um so größer wurden sie. Zum ersten Mal in meinem Leben sah ich eine befestigte Stadt und war fasziniert. Die quadratischen Türme beeindruckten mich besonders, und ich hoffte, darin Menschen zu sehen; aber sie alle waren leer.
»Wer liegt hier begraben, Papa?« fragte Yeghisapet. Vater drehte sich zu ihr um und lächelte, und plötzlich lachten alle, eine Art hysterisch-erleichtertes Lachen.
»Hier ist tatsächlich jemand begraben«, sagte Vater. »Seht ihr den glänzenden grünen Turm dort in der Ferne? Das ist die Grabstätte von Hazret Mevlana Rumi. Er war der Begründer der Mevlevi-Derwische.«
»Was ist mit denen?«
»Es waren Tanzende Derwische.«
»Warum erzählst du den Kindern über andere Religionen?« sagte Mutter, Vater ins Wort fallend.
»Weil sie jung sind und ihr Herz noch offen ist. Bei all dem Entsetzlichen, das auf der Welt geschieht, sollen sie auch von dem erfahren, was gut ist.« Wieder wandte sich Vater zu uns um und schaute Yeghsa und mich an. »Hört ihr denn auch zu?«
»Ja, Papa!« riefen wir, begeistert von der Aussicht, daß er uns eine Geschichte erzählte.
»Der Begründer der Tanzenden Derwische war, wie schon gesagt, Hazret Mevlana Rumi, ein Dichter. Ihr Name rührt von einem Ritus her, einem zeremoniellen Brauch. Tatsächlich sind sie eine religiöse Gruppe.«
»Warum heißen sie wirklich Tanzende Derwische, Papa?« fragte ich.
»Bei dieser Zeremonie, die sie regelmäßig veranstalten, tragen sie spitze Mützen und lange weiße Hemden. Begleitet von Trommeln und Flötenmusik tanzen sie einen wirbelnden Tanz, mit geschlossenen Augen, die Arme seitwärts von sich gestreckt. Eine Handfläche ist dabei dem Erdboden, die andere dem Himmel zugekehrt. Sie

tanzen so lange, bis sie in einen Zustand von Ekstase geraten, in dem ihre Seele das Ziel ihrer Sehnsucht erreicht – die Vereinigung mit Gott.«
Yeghsa und ich klatschten vor Begeisterung in die Hände. Ich konnte den Tanz der Derwische im Geist vor mir sehen. Vater schaute Mutter an und lächelte. Plötzlich tauchte in meinem Kopf ein Gedanke auf, der mich verwirrte. »Sind die Derwische nicht Türken, Papa?«
»Ihrer Herkunft nach sind sie natürlich Türken, obwohl ihr Begründer ein Perser war.«
»Also doch Türken!« rief meine Mutter.
»Ja – und nein. Obwohl es gewiß wahr ist, daß sie nicht *Nichttürken* sind. Wer Gott liebt, liebt das Leben. Gott hat keine Nationalität, so wenig wie das Leben.« Vater unterbrach sich, drehte sich um und sah mich an. »Die Derwische sind Sufis, Veron. Der Sufismus ist eine mystische Glaubensrichtung, deren Wurzeln bis ins Altertum zurückreichen. Genaugenommen eine Religion, die älter ist als das Christentum.«
»Weiter, Papa.«
»Also gut, jetzt erzähle ich euch eine Geschichte. Vor langer, langer Zeit lebte in einem kleinen Dorf in unserem Teil der Welt ein Kaufmann, der saß tagaus, tagein mit untergeschlagenen Beinen in seinem kleinen Laden. Mit der linken Hand zog er stetig eine dünne Wollsträhne aus dem Ballen über seinem Kopf. Er drehte die Wolle zu einer dicken Strähne zusammen, wechselte diese in die rechte Hand, und mit der rechten Hand wickelte er sie um eine große Spindel. Er verrichtete seine Arbeit mit ununterbrochener, gleichmäßiger Bewegung, und jedesmal, wenn seine rechte Hand den Wollfaden um die Spindel herumschlang, sagte er lautlos: ›La illaha illa'llah.‹ (Es gibt keinen Gott außer Gott.) Er durfte keine scharfe Bewegung machen – sonst wäre die Wolle gerissen, und er hätte einen Knoten knüpfen und von vorn beginnen müssen. Der Mann mußte in jeder Sekunde voll dasein. Man nennt das Bewußtheit. Es ist nichts anderes als das Leben. Darauf

begründet sich die Lehre der Sufis. – Der Mann zeugte Söhne, und als sie herangewachsen waren, lehrte er sie sein Handwerk.«
»Was also will die Geschichte besagen?« fragte Mutter.
»Sie will besagen: ›Erwache!‹ Sie will besagen, daß wir uns des momentanen Augenblicks – das heißt der Wirklichkeit – nicht bewußt sind. Alles menschliche Übel wird durch den Schlaf – oder die Unbewußtheit – verursacht. So etwas wie das ›bewußte Böse‹ gibt es nicht. Schau um dich! Die Armenier schlafen in ihrer dümmlichen Zuversicht. Und die Türken glauben, zwei weniger eins sei drei. Anstatt jetzt auf dieser Straße in die Hölle zu wandern, hätten wir flüchten sollen, als dafür noch Zeit war. Der wache, bewußte Mensch versteht Zeichen zu lesen: die Massaker von 1895 und 1909 – und die drohenden Vorzeichen im Jahr 1915.«
»Werden uns die Türken umbringen, Papa?« fragte ich.
»Nein!« warf Mutter rasch ein. »Wir haben einen Wagen, Geld, und andere wertvolle Dinge. Vater wird uns retten.«
Langes Schweigen antwortete ihr. Ich wollte Mutter glauben, aber dafür brauchte ich Vaters Bestätigung.
Inzwischen hatten wir Konya erreicht und zogen in die Stadt ein.
»Dies ist eine heilige Stadt«, sagte Vater. »Wenn irgendwo auf unserer Reise, so werden wir hier Ruhe und Frieden finden.«

4

1915

Als wir in die Stadt kamen, sahen wir all die anderen Deportierten und Vertriebenen. Es schienen Tausende zu sein. Die einen irrten in den Straßen umher, die anderen kampierten am Straßenrand. Viele unter ihnen wirkten wie erstarrt, unfähig, sich zu bewegen, und ich konnte die Läuse über ihre schmutzstarrenden Kleider krabbeln sehen.

Ohne mir über meine Handlungsweise bewußt zu sein, verglich ich ihr Aussehen mit dem unseren, und erstmals führte ich mir vor Augen, wie verdreckt wir waren, seit wir Azizya verlassen hatten. Unsere Gesichter waren rot, aufgezogen von der Sonne, die den Schmutz in unsere Haut eingegerbt hatte. Unsere Kleider und alles andere waren wenn möglich noch schmutziger.

Ein Gendarm ritt an unseren Wagen heran, und wir hielten an. Langsam setzte sich die Menschenkarawane hinter uns an den Straßenrand ab und schlug ihr Lager auf.

»Müssen wir aussteigen, Papa?« fragte ich.

»Beruhige die Kinder«, sagte Vater zu Mutter. »Ich rede mit dem Gendarmen, dann wissen wir mehr.«

Ich beobachtete, wie sich die Prozession entlang der Straße aufreihte. Mir wurde angst, als ich in ihre Gesichter blickte, vor allem in die unserer Freunde und Nachbarn. Das waren nicht mehr dieselben Menschen, die ich gekannt hatte.

Wir warteten lange, bis der Gendarm sein Pferd zu unserem Wagen lenkte, um mit Vater zu reden. Sie sprachen so leise, daß es mir unmöglich war, irgend etwas aufzuschnappen. Dann setzten wir uns wieder in Bewegung und folgten dem Gendarmen. Nur wir, alle anderen blieben zurück. Ich wollte den Leuten am Straßenrand zuwinken, aber niemand schien zu bemerken, daß wir uns entfernten.

Langsam schlängelten wir uns durch die Stadt und gelang-

ten dann plötzlich und unvermutet zu einem Park, der sich auf einen Hügel hinaufzog. Wir folgten dem Pfad aufwärts, und oben angelangt, konnten wir über die ganze Stadt schauen, die sich ringsum zu unseren Füßen ausbreitete. Es standen noch einige andere Wagen auf dem Hügel verstreut, und Kinder spielten draußen vor den Wagen.
Als wir anhielten, kam der Gendarm zu uns zurückgeritten und redete wieder mit Vater. Diesmal konnte ich hören, was gesprochen wurde. »Ich habe das Versprechen gehalten, das ich Ihrer Mutter gegeben habe, und Sie sicher nach Konya gebracht«, sagte der Gendarm, »aber jetzt muß ich zurück und dem Kaimakam Bericht erstatten. Wir leben in schlimmen Zeiten, Efendi. Was kann ich Ihnen Tröstliches sagen? Mögen wir uns in Azizya wiedersehen, wenn dieser Sturm über uns hinweggefegt ist.«
»Falls wir nicht mit dem Sturm hinweggefegt werden.«
»Inschallah!« (So Gott will.)
»Hier«, sagte Vater und gab ihm einen kleinen Beutel. »Sagen Sie meiner Mutter, daß Sie uns einen großen Dienst erwiesen haben und wir gut in Konya angelangt sind.«
»Allah sei mit Ihnen, mein Freund«, antwortete der Mann und ritt schnell davon.
Wir stiegen aus. Mutter trug mir auf, mich um meine Geschwister zu kümmern, während sie das Essen zubereitete. Unsere beiden Onkel schwärmten aus, um Feuerholz zu sammeln. Und Vater sagte, er wolle mit den Männern aus den anderen Wagen reden.
Später am Abend, als wir gegessen hatten und Mutter uns zum Schlafen in den Wagen zurückgeschickt hatte, sah ich fünf fremde Männer auf uns zukommen. Sie begrüßten Vater und Großvater, der Zigaretten hervorholte und sie herumreichte, und als die Zigaretten brannten, setzten sie sich um das Feuer und rauchten schweigend. Endlich ergriff einer der Fremden das Wort.
»Konya ist das Verschickungszentrum für die Armenier aus den westlichen Provinzen«, begann er, zu Großvater gewandt. »Unsere Leute sind bereits verschickt worden.

Nur die Bemittelten, wie wir, konnten sich ein wenig Zeit erkaufen. Die meisten von uns werden früher oder später doch wieder zu den anderen stoßen. Aber einige wollen sich selbständig machen.«
»Wie das?« fragte Großvater. »Und wohin wollen sie?«
»Sie glauben, wenn sie das Meer erreichen, wird es ihnen möglich sein, ein Schiff zu finden, das sie nach Griechenland oder Italien oder nach England bringt.«
»England ist der Feind Nummer eins, danach kommt Deutschland – und dann die Türkei«, rief plötzlich ein anderer dazwischen. Aber der erste fuhr fort.
»Sämtliche Straßen nach dem Süden sind jedoch blockiert. Die Türken sind entschlossen, uns in die Arabische Wüste zu treiben, wo wir mit Sicherheit zugrunde gehen werden.«
»Die wenigsten werden so weit kommen!« meinte ein Mann mit einem riesigen Schnurrbart in seinem runden, dunklen Gesicht. »Kurden und bewaffnete Bauern werden aus ihrem Hinterhalt in den Bergen hervorbrechen und sich raubend und mordend auf die schutzlose Prozession stürzen, sie werden die Frauen vergewaltigen, und das alles mit der Hilfe und Billigung der Gendarmen, die angeblich zu unserem Schutz aufgeboten sind.«
»Die Kurden waren schon immer unsere ärgsten Feinde«, sagte einer, der bisher noch nicht gesprochen hatte.
Plötzlich breitete sich Schweigen aus. Nur das Kohlenfeuer erhellte die Gesichter der Männer. Es war eine schwarze, mondlose Nacht, in der die Sterne am Himmel Spiegelbilder der Lichter der Stadt zu sein schienen.
»Wir sind wehrlos. Die Männer, die nicht in der Armee oder beim Eisenbahn- oder Straßenbau sind, werden unter einem anderen Vorwand zusammengetrieben. Man sagt ihnen, sie kämen in eine andere Stadt, in Wirklichkeit schickt man sie nur bis vor die Tore der Stadt hinaus, um sie dort niederzumachen. Das haben Männer berichtet, die es am eigenen Leib erfahren haben und denen es gelungen ist, sich totzustellen und zu entkommen.«

»Es liegt eine erschreckende Gründlichkeit und Planmäßigkeit in dem Ganzen!« rief Vater bestürzt.
»Es ist genauso, wie ich Ihnen gesagt habe«, bekräftigte der andere. »Das alles geht von Deutschland aus. Deutschland will uns aus dem Weg haben, weil wir als einzige Volksgruppe in Kleinasien imstande sind, die wirtschaftliche und politische Unabhängigkeit der Türkei zu garantieren. Beseitigt uns, und ihr beseitigt den Fleiß, die Tüchtigkeit und Intelligenz, auf denen dieser Staat beruht. Die Türken beabsichtigen, die Armenier durch Deutsche zu ersetzen, die sie hier ansiedeln wollen, aber das führt zu nichts, weil wir hierhergehören und die Deutschen nicht. Ich bezweifle, daß die Jungtürken so weitblickend sind, sich das klarzumachen, oder daß sie gewillt sind, es sich einzugestehen. Der Krieg, um dessentwillen wir geopfert werden sollen, spielt sich in Wahrheit in ihren Köpfen ab – weil sie auf der einen Seite nicht glauben wollen, daß es sich so verhält, wie ich gesagt habe, und sie es uns auf der anderen Seite auf den Tod nicht verzeihen können, daß es eben doch so ist.«
»Schon die berühmte Bagdadbahn«, meinte ein anderer, »die übrigens jetzt für Deportationen benutzt wird, diente von Anfang an deutschen Interessen, ja wäre ohne die Einschaltung der Deutschen Bank wahrscheinlich gar nie gebaut worden.«
»Es ist ja hinlänglich bekannt, daß sie inzwischen den Spitznamen Berlin-Bagdad-Bahn hat«, sagte Großvater. »Und das übrige Europa läßt es willig oder gleichgültig geschehen, daß wir zur massenweisen Vernichtung in die Wüste geschickt werden.«
Ich begann mich zu fragen, was wohl die Wüste sei. Und dann fielen mir die Bilder ein, die uns der Lehrer in der Schule gezeigt hatte ... Doch dann mußte ich eingeschlafen sein, denn auf einmal durchströmte mich ein wohlig warmes Gefühl, und als ich die Lider öffnete, schien die Sonne, und ihr orangerotes Licht fiel mir in die Augen. Ich setzte mich auf meinem Lager auf und sah, daß die

anderen noch schliefen. Nur Vater war schon auf den Beinen. Ich sprang vom Wagen und lief zu ihm. Er sammelte Anbrennholz unter dem nahen Buschwerk, und ich beeilte mich, ihm zu helfen. Als er mich gewahrte, unterbrach er seine Arbeit und setzte sich ins Gras nieder. Er sah, daß ich darauf brannte, mit ihm zu reden.
»Papa, haben die Armenier gar keine Freunde mehr?«
»Hast du mit angehört, was gestern abend gesprochen wurde?«
»Ja, aber dann bin ich eingeschlafen. Ist es nicht schön, Papa, in der Nacht, wenn die Sterne überall sind, am Himmel und auf der Straße?«
»Hast du Angst, Veron?«
»Ich weiß nicht. Ich glaube schon. Werden wir durchkommen, Papa?«
»Wir werden alles versuchen, was irgend möglich ist. Alles. Wir müssen die Tage nehmen, wie sie kommen, weil von jetzt an kein Tag dem anderen gleichen wird. Und heute habe ich eine wundervolle Neuigkeit für dich! Einer der Männer, mit denen ich gestern abend gesprochen habe, hat mit dem türkischen Bad hier in der Nähe eine Abmachung getroffen. Alle Frauen und Kinder, die hier auf dem Hügel lagern, können heute nachmittag dort baden, und die Männer am Abend.«
Ich war so begeistert, daß ich in der Aufregung wohl vergessen habe, Papa zu danken. So schnell ich konnte, rannte ich zu unserem Wagen, um Mama und den anderen die freudige Nachricht zu überbringen.

Am Nachmittag, als wir aus dem Bad kamen, kämmte mir Mama die Haare, und nach und nach verflüchtigte sich meine Angst. Gestern abend hatte es warmes Essen gegeben, und heute hatten wir gebadet. Und jetzt waren wir auf einem Hügel und schauten auf die Stadt, die sich des Nachts mit weißen Edelsteinen schmückte, die Sternen glichen.
»Mama, ich wünschte, Großmama wäre hier«, sagte ich.

Mama antwortete nicht. Doch dann spürte ich das Zittern ihres Körpers und wußte, daß sie von lautlosem Schluchzen geschüttelt wurde. Ich bereute meine Bemerkung, aber irgendwie vergaß ich immer wieder, wo wir uns befanden und was mit uns geschah, oder was uns voraussichtlich erwartete. Mama hörte zu weinen auf und sagte, was sie schon so oft gesagt hatte, seit wir zu unserem Marsch aufgebrochen waren. »Ich wünschte, sie würden uns auf schnellstem Wege ans Ziel bringen.«
Kaum hatte Mama die Bürste aus der Hand gelegt, als Yeghsa und ich davonstürmten, um mit den anderen Kindern zu spielen. Genau wie ich hatten auch sie unser Leid vergessen und wollten nichts als spielen. Wenn es zu laut und ausgelassen zuging, beschwichtigten uns die Erwachsenen und warfen ängstliche Blicke um sich, als fürchteten sie Verdruß. Nur einen Jungen gab es, der traurig war. Er hieß Dikran. Wenn ihn jemand anredete, warf er den Kopf hoch und schüttelte sich das Haar aus der Stirn und sprach wie ein Erwachsener, mit einer Stimme, die weder einem Kind noch einem Erwachsenen zu gehören schien. Er tat mir leid, und ich fragte ihn, warum er so traurig sei.
»Mein Vater will Konya nicht verlassen. Er sagt, während der letzten Massaker hätten wir hier keine Probleme mit den Türken gehabt. Moslems und Christen seien immer gut miteinander ausgekommen, sagt er. Und deshalb wollen wir nicht weg. Aber wir mußten unser Haus und alles verlassen, und alle unsere Freunde sind fort.«
»Möchtest du spielen?«
»Nein.«
»Vielleicht können wir eines Tages dorthin zurückkehren, wo wir zu Hause sind. Meine Großmama in ...«
»Ich muß jetzt gehen und mich fürs Bad fertigmachen«, sagte er und lief zu seinem Wagen.

In dieser Nacht saßen die Männer wieder beisammen und beratschlagten, aber diesmal entging mir alles, was gesprochen wurde. Ich war so müde, daß ich gleich nach dem Essen einschlief. Ich schaffte es gerade, so lange wach zu bleiben, um noch die Sterne und die Lichter zu sehen. Als ich in der Früh aufwachte, hörte ich Mama und Papa am anderen Ende des Wagens flüstern. Mit Mühe gelang es mir, einen Teil ihres Gesprächs zu verstehen.

»Also, was haben die Männer beschlossen?« hörte ich Mama fragen.

»Weißt du noch immer nicht, daß bei einer Diskussion zwischen Armeniern noch nie irgend etwas Konkretes beschlossen wurde?«

»Aber gestern abend hast du gesagt, ihr hättet viele wichtige Dinge besprochen.«

»Besprochen schon. Aber was dabei fehlt, ist die nötige Portion Realismus, die man braucht, wenn man eine Flucht planen will. Darüber zu diskutieren, warum wir jetzt in dieser üblen Lage sind – dazu ist es zu spät. Es sei denn, die Erkenntnis beinhaltet zugleich auch die Möglichkeit einer Lösung.«

»Und ist das der Fall?« fragte Mama.

»Nein. Dazu kommt es leider nie. Und das, was ich dazu zu sagen habe, bringt uns der Freiheit auch keinen Schritt näher. Aber ich glaube, ich habe endlich herausgefunden, warum wir dauernd in der Theorie steckenbleiben oder, um es mit Mutters Worten zu sagen, warum jeder Armenier zwei politischen Parteien angehört. Es liegt daran, daß wir kein Land haben, für das wir selbst verantwortlich sind. Die Folge davon ist, daß keine unserer Theorien je in die Praxis umgesetzt wird. Wir spielen Regierung, wie Kinder Vater und Mutter spielen.«

»Es wurde also nichts beschlossen?«

»Nur, daß jeder für sich selbst bestimmen soll, was er zu tun hat. Was soviel heißt, als daß gar nichts getan wird, nach dem bewährten Motto, wie's kommt, so kommt's.«

»Inschallah«, sagte Mama spöttisch.

»Ja, inschallah«, wiederholte Papa. »Als ob wir nicht schon genug an orientalischer Philosophie und Schicksalsergebenheit hätten. Komm, stehn wir auf, und beginnen wir den Tag. Nach dem Frühstück werde ich vor euch allen ein offenes Wort sprechen.«

Unmittelbar nach dem Frühstück, das aus Obst, Brot und Tee bestand, bat Vater um unsere Aufmerksamkeit und ergriff das Wort.

»Wir alle wissen jetzt, daß wir in die mesopotamische Wüste deportiert werden sollen. Was wir nicht mit Sicherheit wissen, ist, ob die Türken beabsichtigen, uns zu töten oder nur für die Dauer des Krieges aus dem Wege zu schaffen. Es ist müßig, das eine gegen das andere abzuwägen, Theorien bringen uns jetzt nicht weiter. Uns bleibt nur eines: unsere Angst zu überwinden, damit wir unsere ganze Energie auf das Überleben verwenden können. Die Zeit verändert alles, und die Zeit ist jetzt unser einziger Verbündeter. Wir wissen, daß wir die türkische wie auch die deutsche Regierung zu Feinden haben. Ebenso sollten wir uns darüber im klaren sein, daß die Sympathiebezeigungen, die uns der Westen entgegenbringt, nichts weiter als journalistische Propaganda, politische Opportunität und Sentimentalität sind. Die alleinige Ausnahme bilden die Missionare, ihr Hilfsangebot ist gewiß ehrlich. Deshalb sollten wir sie nicht mit den Regierungen verwechseln, die sie nach außen hin repräsentieren. Merkt euch das!« Er machte eine Pause und sah uns der Reihe nach an, ehe er fortfuhr. »Bis jetzt haben wir Glück gehabt. Aber wenn wir erst einmal in Adana sind, wird es nicht mehr so leicht sein. Adana ist keine so zivilisierte Stadt wie Konya. Denken wir nur an die Massaker dort, die noch nicht mehr als sechs Jahre zurückliegen. Alles hängt von der Menschlichkeit der Polizei und der einheimischen Bevölkerung ab. Noch sind wir im Besitz gewisser materieller Mittel. Doch da wir keine Rechte, keinen zuständigen Gerichtshof haben, kann uns jederzeit alles weggenommen werden. Darum müssen wir vorsichtig, schlau, mißtrauisch und hellhörig sein. Alle Fluchtwege sind abgeschnitten. Wir werden noch ein, zwei Tage hier bleiben. Dann stoßen wir wieder zu den anderen. Gott sei mit uns.«

5

1915

Ich wollte nicht weg von Konya. Es machte mir Spaß, mit meinen neuen Freunden zu spielen, und der Gedanke, wieder auf die Straße zurückzukehren, erschreckte mich. Mama wurde hauptsächlich von meinen Brüdern und Yeghisapet in Anspruch genommen, aber Papa widmete mir mehr Zeit als jemals zuvor. Er erzählte mir Geschichten von Missionaren und Waisenhäusern und wie man Türken, Tscherkessen und Lasen, zwei kaukasische Volksstämme, an ihrer Tracht erkennt. Daß die Stadtbewohner unter den Türken Fese, die streng religiösen Moslems weiße Turbane und die Bauern immer Pluderhosen trugen. Daß man die verschiedenen türkischen Stämme durch die Farbe ihrer um die Hüften geschlungenen Schals unterscheiden konnte. Er sagte, man tue gut daran, keinem Soldaten zu trauen, denn es gäbe viele unter ihnen, die grausam und herzlos seien, und einige seien sogar noch schlimmer als jene. Papa wollte mir jeden Tag eine neue Lektion erteilen, und ich sollte mir das bisher Gelernte so lange wiederholen, bis ich es selbst im Schlaf noch wisse. Er meinte, das werde meine Gedanken beschäftigen und sie daran hindern, müßig umherzuschweifen.

Ich weiß nicht, wie viele Tage so vergingen. Eines Morgens aber verstauten wir sorgfältig unsere Sachen im Wagen, und zusammen mit einigen unserer Schicksalsgefährten rollten wir den Hügel hinab und wanden uns durch die engen, schmutzigen Straßen von Konya, um schließlich außerhalb der Stadt zu den Trecks zu stoßen.

Beim Sammelplatz der Armenier aus Azizya und Afyon hielten wir an und warteten. Irgendwann kam einer der Offiziere, die unseren Treck begleiteten, und sprach mit Papa. Zum Schluß sah ich, wie Papa ihm etwas in die Hand drückte.

Am nächsten Morgen brachen wir wieder auf. Tausend Fragen brannten mir auf den Lippen, aber ich war sicher, daß niemand Lust hatte, sie mir zu beantworten. Die Stimmung war schweigend und bedrückt. Ich war daher froh, als Yeghsa kam und Puppen spielen wollte. Also spielten wir wie so oft unser So-tun-als-ob-Spiel.

Plötzlich begann Apkar zu weinen und nach Essen zu verlangen.

Onkel Apel versuchte ihn zu beruhigen. »Wir können jetzt nichts zum Essen herausholen. Wir müssen warten, bis es uns die Gendarmen erlauben.«

»Aber sie erlauben es uns immer nur in der Nacht. Ich bin *jetzt* hungrig!«

Großpapa saß neben Apkar. Er griff in die Tasche, holte ein Stück Brot heraus und hielt es ihm hin. Als Apkar den Mund aufmachte, um abzubeißen, sagte er: »Still.« Dann gab er jedem von uns einen Bissen und sagte dabei jedesmal: »Still, still«, doch das war kein Befehl, es war vielmehr wie ein Segen. Danach verhielten wir uns lange Zeit still.

Es machte mir Spaß, den Szenenwechsel der Landschaft zu beobachten. Immer wieder lief ich im Wagen von der einen Seite auf die andere, damit mir nur ja nichts entging. Besonders die Obstgärten mit den verschiedensten Sorten von Früchten hatten es mir angetan: Granatäpfel, Feigen, Nektarinen, Aprikosen, Pfirsiche. Ich wünschte, wir könnten anhalten und ein paar Früchte pflücken. Aber ich wußte, daß es müßig war, darum zu bitten.

Am nächsten Morgen erspähte ich etwas Niegesehenes. Acht Kamele, die merkwürdig still eins hinter dem anderen dahinzogen, angeführt von einem sehr dicken Mann auf einem Esel. So, wie der Mann am Hals des Esels hing, war anzunehmen, daß er fest schlief. Ein kleiner Junge, nicht älter als Yeghsa, flitzte zwischen den Kamelen hin und her, um sie in gerader Linie zu halten.

»Wohin gehen die Kamele, Großpapa?«

»Nach Smyrna, glaube ich. Oder was meinst du, Benyat?«

»Ja«, antwortete Papa. »Sie tragen Wolle zum Markt.«

»Sind die Kamele nicht merkwürdig, Großpapa? Warum sind sie so merkwürdig?«

»Weil das hier nicht ihre Heimat ist. Kamele sind Wüstenbewohner – Geschöpfe des Sandes, der Sterne und der Stille.«

»Warum sind Wüstengeschöpfe merkwürdig?«

»Weil alle Geschöpfe, die in der Wüste leben, eins mit ihr werden. Die Wüste braucht den Menschen nicht. Sie ist Natur, die sich selbst genügt.«

Wir hatten die Obstgärten und die aus den Bergen kommenden Flüsse hinter uns gelassen, und das Land wurde trocken und dürr.

»Schaut zurück auf Konya!« rief Onkel Apel.

»Ja, ist es nicht schön aus der Ferne?« sagte Onkel Haig. »Es war mir nicht aufgefallen, daß es auf einer Hochebene liegt.«

»Eine Oase in der Wüste!« sagte Großpapa.

»Ist das die Wüste?« fragte ich.

»Nein«, antwortete Papa, »noch nicht. Die wirkliche Wüste fängt erst hinter Adana an. Aber für den Anfang ist das hier Wüste genug. Bald werden wir zu Salzseen kommen. Und dann werden wir über weite Strecken keine anderen Bäume als Pappeln sehen. Es wird sehr heiß werden.«

»Ich habe Durst!« sagte Yeghsa. Ich war ihr dankbar dafür, denn auch ich war durstig.

Mama drehte sich um und schaute Yeghsa an. Sie sah so müde und traurig aus, so ganz anders als früher in Azizya.

»Von jetzt an gibt es täglich nur noch einen kleinen Schluck Wasser.«

»Vielleicht erlauben uns die Wachen anzuhalten, falls wir zu einem Fluß kommen«, meinte Onkel Haig.
»Nicht ohne Bezahlung«, antwortete Papa.
»Ist deine Puppe durstig?« fragte Großpapa Yeghsa.
»Ja, sehr, Großpapa.«
»Sag ihr, daß wir eine ganz besondere Reise machen, voller Überraschungen, für die ein kleines bißchen Durst ein lächerlicher Preis ist.«
Yeghsa begann mit ihrer Puppe zu plaudern, und im Nu war sie ganz in ihr Spiel vertieft.
Ich schaute Großpapa an, und wir lächelten uns zu.
In dieser Nacht gingen wir hungrig und durstig zu Bett. Aber niemand beklagte sich. Wir gewöhnten uns daran, mit immer weniger auszukommen. Und natürlich war uns bewußt, daß wir uns glücklich schätzen konnten, einen Wagen zu haben und zu fahren, während die meisten anderen zu Fuß gehen mußten. Die Gendarmen sorgten zwar offiziell für unsere Verpflegung, aber wenn es einmal – so wie heute – nichts gab, half kein Jammern. Unsere eigenen Vorräte schmolzen zusehends dahin und mußten streng eingeteilt werden. Ich sah, daß viele so wie wir noch etwas hatten, wovon sie nötigenfalls zehren konnten.
Am folgenden Morgen gab es Zwieback und Obst und am Abend ebenfalls, nur daß Mama noch etwas Käse auf den Zwieback legte. Gelegentlich kam es jetzt vor, daß sich jemand mit der Bitte um Brot an uns wandte, und Papa gab jedem ein Stück von dem Fladenbrot, das er noch in Konya gekauft hatte. Nach Einbruch der Dunkelheit versammelte sich wieder eine Runde um unser Feuer, und Papa berichtete, er habe nicht zu weit von hier in den Bergen ein Jürükendorf ausgemacht.
»Woraus schließen Sie, daß es Jürüken sind?« fragte jemand.
»Aus den flachgestreckten Zelten und den Rinderherden. Habt ihr das Vieh nicht gesehen?«
»Doch. Und auch Kamele.«
»Ja, Kamele haben sie auch.«

»Was hast du vor?« fragte Großpapa.
»Wenn hier alles schläft, stehle ich mich weg und gehe hinauf, um ihnen etwas Milch und ein paar Eier abzuhandeln.«
»Die Jürüken sind gerissene Händler«, sagte einer unserer Freunde aus Konya. Er hatte ebenfalls einen Wagen und war in unserem Treck damit der einzige außer uns. »Die Türken verachten die Jürüken, weil die Frauen keinen Schleier tragen und überall mitmischen. Sie werden es nicht leicht mit ihnen haben.«
Am Morgen wirkte Papa müde. Dafür aber gab es Milch und Eier zum Frühstück. Ich mußte daran denken, wie wir nach Konya gekommen waren. Da waren wir vergleichsweise noch sauber und satt gewesen. Im Lauf des Nachmittags, auf dem Weitermarsch, brachen einige der älteren Leute zusammen. Doch die Gendarmen ließen nicht zu, daß angehalten und den Erschöpften weitergeholfen wurde. Als es das erste Mal passierte, sprang Onkel Haig vom Wagen und versuchte die Aufmerksamkeit eines der Gendarmen zu wecken. »Nehmen wir sie auf! So laßt sie uns doch in unseren Wagen aufnehmen!« rief er.
»Es ist zwecklos«, sagte Großpapa. »Ich habe schon darum gebeten, aber sie haben mich abgewiesen.«
Es war einfach schrecklich, sie da liegen zu sehen, einen nach dem anderen, während der Treck unbeirrt weiterzog. Wenn die Straße dann abbog und die Unglücklichen außer Sicht waren, ritt einer der Gendarmen zurück. Und bald darauf hörten wir Gewehrschüsse.
»Sie sind erlöst«, sagte Großpapa, ohne den Blick zu heben.
»Als nächstes kommen die Kurden«, sagte Papa. »Außer sie haben sich schon so feist und fett geplündert, daß sie sich nicht mehr aus ihren Hütten wälzen können.«
Die Zeit schleppte sich hin, und ich fing an, das Interesse an der Landschaft zu verlieren. Ich schlief soviel wie möglich, um nicht darüber nachzudenken, was jetzt oder später mit uns geschah.

Wieder veränderte sich die Landschaft, und als wir zu einem Fluß, dem Çakit suyu, kamen, begann Apkar über Durst zu klagen. Sofort fingen auch Yeghsa und Harutiun an, um Wasser zu betteln.
»Heute abend gibt es zu trinken«, sagte Papa, »das verspreche ich euch! Jetzt möchte ich, daß ihr alle nach der großen weißen Brücke Ausschau haltet; bin neugierig, wer sie zuerst erspäht. Ich bin sicher, daß wir dort unser Nachtlager aufschlagen werden. Wenn wir den Fluß dann überqueren, kommen wir zum Taurusgebirge.«
Stunden vergingen, ehe die Brücke in Sicht kam. Sie war so schön, daß es sich gelohnt hatte, nach ihr Ausschau zu halten. Ich erspähte sie zuerst, aber Großpapa gab mir mit den Augen ein Zeichen, und so mußte ich den Triumph Yeghsa überlassen. Die Brücke war aus weißen Steinen gebaut und schmiegte sich förmlich in den Verlauf der Straße, die einen halbkreisförmigen Bogen beschrieb und dann in den Felsfalten der zerklüfteten Berge verschwand. Als wir näher kamen, entdeckte ich einige Esel und...
»Schau, Yeghsa, Kamele!«
Sie näherten sich schwankend und glucksend, und jetzt bemerkte ich, daß sie Decken trugen sowie große Ballen, aus denen etwas Weißes, Flaumiges herausschaute.
»Was ist das, Mama? Das weiße flaumige Zeug meine ich.«
»Baumwolle.«
»Baumwolle?«
»Sie wächst in der Nähe von Adana. Sie wird zu Garn gesponnen, und daraus wird dann Stoff gewebt.«
Wie komisch, dachte ich. Wolle, die auf Bäumen wächst.
»Wirklich auf Bäumen, Mama?«
»Nein, auf kleinen Büschen.«
»Wie groß sind die?« fragte ich aufgeregt.
»Vielleicht hüfthoch. Und wenn die Kapseln aufplatzen und die Samenwolle herausquillt, sieht sie genauso aus wie die in den Ballen dort.«
Ich war fasziniert. Und ich fragte mich, wer wohl als erster

auf den Gedanken gekommen war, aus diesen kleinen weißen Baumwollbällen Stoff zu weben.
Wie Papa es versprochen hatte, übernachteten wir am Fluß bei der Brücke und konnten uns endlich satt trinken.
Am nächsten Tag kamen wir durch die großartigste Landschaft, die ich je gesehen hatte. Papa sagte, dieser Durchbruch durch den Mitteltaurus werde die Kilikische Pforte genannt. Es war eine enge Schlucht, gebildet von hohen, sehr hohen Felswänden, die auf beiden Seiten kerzengerade emporragten.
»Es ist unheimlich und aufregend, Papa. Obwohl ich den Himmel sehen kann, kommt es mir vor, als wären wir in einem Tunnel.«
Die Schlucht verengte sich immer mehr. Es war gerade genug Platz für die Straße und den klaren Gebirgsbach zu unserer Linken, auf dessen Grund man wie durch Glas die glänzend glatten Kieselsteine sehen konnte. Es wurde dunkel und klamm, und bald hörte man nichts mehr als das Tosen des Baches, das von allen Seiten zugleich zu kommen schien.
Hoch oben, über den höchsten Bergspitzen, zogen riesige, nackthalsige Geier langsam ihre kreisförmige Bahn über den offenen Himmel. Bei ihrem Anblick erstarrten meine fröstelnden Glieder zu Eis. Wir alle starrten empor, wortlos, in stummem Entsetzen.

6

1915

Die Straße wand sich allmählich immer höher hinauf. Wir überquerten den Taurus und befanden uns bereits wieder auf dem Abstieg, ehe wir unser Nachtlager aufschlugen. Wir konnten kilometerweit über das tief unten liegende Tal blicken, das, wie uns Papa erklärte, eines der fruchtbarsten Landwirtschaftsgebiete der Welt war. Es lag in goldenen Dunst gehüllt, und Mama, die auf den gräulichen Schimmer am Horizont – weit weg zu unserer Rechten – zeigte, fügte hinzu, das sei das Meer, und die silbernen Bänder in der Ferne seien Flüsse.

»Es fällt mir schwer zu glauben, daß wir in einer so schlimmen Zeit leben«, sagte sie dann, während ihr Blick über die unendliche, friedvolle Weite schweifte.

»Oder zu begreifen, warum«, ergänzte Großpapa.

Ich dachte über genau dasselbe nach und überlegte, wie ich es in eine Frage kleiden sollte, damit ich eine für mich verständliche Antwort darauf erwarten konnte. Wenn ich Mama fragte, würde sie sich aufregen und entweder zu weinen anfangen oder sagen, ich sollte keine solchen Fragen stellen. Papa war ruhig und beherrscht, aber nicht immer verstand ich, was er mir sagte. Und Großpapa würde traurig – oder auch zornig – werden, das Thema wechseln oder sonst irgendwie ausweichen. Ich beschloß, mir alles, was Papa mir jetzt und später erklärte, gut zu merken und nachher dann darüber nachzudenken, bis ich es verstand.

Große bauschige Wolken segelten über das Tal und warfen ihren Schatten auf die Erde, während wir uns an den Abstieg machten. Er wollte kein Ende nehmen, obwohl das Tal zum Greifen nahe schien.

»Die Luft ist durchtränkt von den Düften der Natur und der Feuchte, die sie fruchtbar macht«, sagte Onkel Haig.

»Dieses Tal ist so heiß wie Ägypten«, antwortete ihm Papa. »Morgen werden wir uns nach der dünnen Gebirgsluft zurücksehnen, die wir jetzt verlassen.«

Am nächsten Morgen passierten wir kleine Dörfer, die sich an die unteren, zum Tal hin auslaufenden Hänge schmiegten. Hierher, so erklärte uns Papa, flüchteten sich im Sommer die Leute aus Adana, um der glühenden Hitze in der Stadt zu entkommen. Als sich unsere Prozession an den Dörfern vorbei abwärts schlängelte, strömten die

Menschen auf die Straße heraus, standen in langen Reihen und starrten uns nach. Wir fühlten uns wie Insekten, der Gnade fremder Geschöpfe ausgeliefert, deren Gedanken wir nicht lesen konnten. Die erste solche Menschenschlange beobachtete uns schweigend, und ich atmete auf, als sie hinter der nächsten Biegung verschwunden war. Aber nicht lange, so sahen wir uns einer neuen Reihe von Augenzeugen gegenüber, diesmal auf der anderen Straßenseite. Während wir an ihnen vorbeizogen, hörte ich, wie uns ein Mann »Treulose Hunde!« nachrief. Das war für die Dorfjungen das Stichwort, mit Steinen nach uns zu werfen. Wir zogen weiter, immer weiter hinunter in die Kilikische Ebene. Die Serpentinen, die saftiggrüne Vegetation und die schäumenden Wasserfälle löschten im Moment alles andere aus, sogar die Angst und die Ungewißheit.
Tags darauf, auf dem Weg nach Adana, sahen wir die endlosen Baumwollfelder. Es war Erntezeit, und überall in den Feldern waren Männer und Frauen, alle in den gleichen blauen Pluderhosen, bei der Arbeit. Sie hielten inne und starrten uns an, regungslos, stumm, ungläubig.
Und dann tauchte endlich Adana vor uns auf, mit seinen Rauchfängen, die, wie Papa erklärte, zu den Baumwollfabriken gehörten. Wir zweigten von der Hauptstraße, die in die Stadt führte, ab und zogen auf einer Seitenstraße weiter, vorbei an nichtendenwollenden Feigen- und Olivenhainen.
»Ein Glück!« sagte Großpapa. »Je weniger Menschen wir sehen, desto besser.«
Schließlich gelangten wir an einen Fluß. »Hier wird haltgemacht!« rief einer der Gendarmen. Und damit ritten alle bis auf einen fort in Richtung Adana.
»Das ist der Seyhan nehri«, erklärte Papa, »einer der Flüsse, die wir vom Paß oben gesehen haben. Er fließt durch Adana und mündet ins Mittelmeer.«
Wir waren erhitzt, müde und durstig. Aber an diesem Abend badeten wir im Fluß – das war unser erstes Bad seit Konya.

Mama konnte sogar einen Teil unserer Kleider waschen. Wir hatten nur noch einen winzigen Rest Lebensmittel übrig, aber das Gefühl, sauber zu sein, entschädigte uns für den Hunger. Nach dem dürftigen Abendessen sah ich, wie Papa den Rock wechselte und einen Fes aufsetzte. Ohne eine Erklärung ging er zum Fluß hinunter, wandte sich dann stromaufwärts und wanderte am Ufer in Richtung Adana. Bald war er zwischen den Bäumen verschwunden. Mama, die mein ängstliches Gesicht sah, sagte: »Keine Angst, Veron, Vater kann sich immer und überall gefahrlos als Türke ausgeben. Noch heute in der Nacht, spätestens morgen früh wird er mit den jüngsten Neuigkeiten zurücksein.«

Spät in der Nacht kehrte Papa ins Lager zurück, und in der Früh überraschte er uns mit einer süßen Köstlichkeit, die ich noch nie gegessen hatte. Es war Zuckerrohr. Außerdem hatte er Obst und zwei frische Brotlaibe mitgebracht.

»Wie schön, daß du an das Zuckerrohr gedacht hast«, sagte Mama. »Damit hast du die Kleinen endlich wieder einmal zum Lächeln gebracht.«

In der folgenden Nacht brach Papa wieder auf. Wir erfuhren nicht, warum wir hier lagerten, noch wollte uns der Wachtposten sagen, wann wir wieder aufbrechen würden.

»Wahrscheinlich weiß er es selbst nicht«, meinte Onkel Apel. »Wenn man ihn fragt, sagt er immer nur: ›Eile kommt vom Teufel, Geduld kommt von Allah.‹ Unsere Situation kümmert ihn überhaupt nicht.«

»Es ist die Ungewißheit, die einen zermürbt«, sagte Großpapa. »Wie lange wir hier bleiben. Wohin wir gehen. Was schließlich mit uns geschieht. Nichts von all dem wissen wir. Nur die Straße, auf der es kein Zurück gibt, lebt in meinem Herzen, und genau wie mein Herz erstickt auch sie an gerupftem Unkraut.«

»Ich wünschte, sie würden uns auf schnellstem Wege ans Ziel bringen«, sagte Mama.

Papa blieb den ganzen nächsten Tag aus. Zuerst hatte ich Angst um ihn, aber Mama sagte, ich brauche mir keine Sorgen zu machen. »Er kommt zurück, sobald er erreicht hat, was er wollte. Und er hat versprochen, noch mehr Zuckerrohr mitzubringen.«
Als ich in der Früh aufwachte, war Papa wieder da. Er war sehr ernst und schweigsam. Und obwohl das in seiner Natur lag, war es doch anders als sonst. Ich mußte daran denken, wie sehr er sich verändert hatte, seit wir unser Zuhause verlassen hatten. Er tat alles, was er nur konnte, um uns Mut zu machen und unsere Sorgen zu zerstreuen. Früher, daheim, war das wohl Mamas Aufgabe gewesen, doch jetzt, wo wir heimatlos waren, hatte Papa sie übernommen. Wie auch immer – jedenfalls verriet er nicht, was in seinem Kopf vorging. »Heute abend, sobald die Kinder im Bett sind, werde ich mit den anderen reden. Wir wollen versuchen, es als ein gemütliches Zusammensein zu tarnen.«
Gleich nach dem Abendessen trug mir Mama auf, die Kleinen zu Bett zu bringen. Harutiun stimmte ein Protestgeschrei an, aber ich beruhigte ihn und sang ihm ein Schlaflied vor, und bald waren alle drei eingeschlafen. Leise kletterte ich vom Wagen hinunter und schlich mich auf Zehenspitzen zum Feuer. Die Männer saßen im Kreis herum, dahinter die Frauen und hinter diesen ein paar der älteren Kinder. Ich ließ mich neben einem älteren Jungen nieder, der mich gewiß nicht verraten würde.
Die Männer redeten türkisch miteinander, belangloses Zeug, soviel ich hören konnte. Dann bemerkte ich den Wachtposten und wußte, warum. Er lehnte nicht weit vom Feuer entfernt an einem Baum und rauchte eine Zigarette. Nur wenn er die Hand zum Mund hob, konnte ich im Aufglimmen der Zigarette etwas von seinem Gesicht sehen. »In einer Stunde ist das Feuer zu löschen, der Platz zu räumen und jedes Sprechen untersagt.« Er trat einen Schritt näher, schnippte den Zigarettenstummel ins Feuer, drehte sich um und verschwand in der Dunkelheit.

Nach kurzem Schweigen sagte einer der Männer: »Bitte, Benyat, sprechen Sie. Es ist höchste Zeit, daß Sie uns sagen, was Sie in Adana erfahren haben.«

»Es herrscht Chaos«, begann Vater. »Sämtliche Geschäftsleute, Handwerker, Akademiker – kurz alle Armenier, die für das Funktionieren der Stadt gesorgt und das Geld in Umlauf gehalten haben – sind weg, und der Türke ist nicht imstande, die Ordnung wiederherzustellen. Der Pöbel, in erster Linie Kurden und Tscherkessen, macht die Straßen unsicher. Die Ordnungshüter werden der Situation nicht Herr.«

»Ist das der Grund, warum man uns hier warten läßt?«

»Ja, davon bin ich überzeugt. Die Stadt kann die Gendarmen, die nötig wären, um uns von hier fortzubringen, nicht entbehren.«

»Was wird mit uns?« fragte eine der Frauen verzweifelt.

»Ich glaube, die ärgste Hysterie ist vorüber. Sie schieben jetzt alles den Kurdenbanden und der Gendarmerie in die Schuhe. Die Gendarmerie hat untätig zugesehen, wie die Kurden über die Deportationskarawanen hergefallen sind, sie ausgeraubt und die Frauen geschändet haben. Nicht genug damit, hat sie auch dem eigenen Pöbel freie Bahn gelassen. In vielen Städten wurde die gesamte männliche armenische Bevölkerung niedergemetzelt. Man spricht von ganzen Leichenbergen, die den Hunden und den Geiern zum Fraß dienen.«

»Wie hoch wird die Zahl der Toten geschätzt?« fragte einer der Männer.

»Gegen eine Million, genau läßt es sich nicht sagen.«

»Mein Gott, haben sie vor, uns alle umzubringen?« stieß jemand hervor.

Mein Vater zögerte lange mit der Antwort. »Sie wollen uns beseitigen, weil wir ihnen politisch unbequem sind. Am ersten November des Vorjahres ist das Osmanische Reich an der Seite der Mittelmächte in den Weltkrieg eingetreten. Das bedeutet, daß sie gegen unsere Verbündeten Krieg führen.«

»*Unsere* Verbündeten?« fragte jemand.
»Frankreich und England auf der einen und die Russen auf der anderen Seite. Den Türken ist nicht entgangen, daß wir mit dem Feind sympathisieren, ebensowenig, wie ihnen die revolutionäre Untergrundbewegung in unseren Reihen verborgen geblieben ist. Diesbezüglich habe ich etwas über die Massaker von 1909 in Adana erfahren, wovon ich bisher keine Ahnung hatte.«
»Und was ist das?«
Mein Vater holte tief Atem, ehe er fortfuhr. »Nachdem ich mich eine Zeitlang im Basar herumgetrieben und da und dort ein paar Informationsbrocken aufgeschnappt hatte, ging ich in ein Kaffeehaus. Ich hoffte, dort etwas Offizielleres zu erfahren. Gleich beim Eingang erblickte ich etwas, was mir das Blut in die Schläfen trieb. Eine kleine Landkarte von Kilikien, etwa in der Größe einer Postkarte, in armenischer Sprache beschriftet. Die Karte war rußverschmiert, und quer darüber stand mit brutaler Hand geschrieben: ›Welches Armenien, treuloser Hund?!‹ Ich drehte die Karte um und las die armenische Aufschrift auf der Rückseite: ›Das zukünftige armenische Königreich Kilikien‹.
Drinnen im Kaffeehaus entdeckte ich einen Mullah, der allein in einer Ecke saß. Ich trat zu ihm und wechselte die üblichen türkischen Worte mit ihm. Dann lud er mich ein, mit ihm Kaffee zu trinken. Ich erzählte ihm, ich sei ein Geschäftsmann aus Afyon, und die Postkarte draußen beim Eingang habe mich neugierig gemacht.
›Ja, einer unserer hiesigen Hitzköpfe‹, sagte er und spielte damit auf die Kritzelei auf der Karte an.
›Aber was bedeutet die Karte selbst?‹ fragte ich.
›Sie stammt aus den Unruhen von 1909‹, antwortete er. Als er sah, daß das Fragezeichen noch immer auf meinem Gesicht stand, setzte er fort. ›Als Sultan Abd Al Hamid 1909 von den Jungtürken abgesetzt wurde, hat die neue Regierung, wie Sie wissen, den Armeniern und anderen ihr unterstehenden Volksgruppen gewisse Freiheiten ver-

sprochen. Die Armenier in ihrem Freudentaumel, der in jeder Hinsicht verfehlt war, wußten nichts Besseres, als in ihren Klubs und bei Versammlungen große Töne zu spucken und die Freiheit, der sie sich bald würden rühmen dürfen, überall auszuposaunen. Damals haben sie auch per Post diese unglückseligen Karten verschickt sowie Spruchbänder mit der Aufschrift ›Kleinarmenien‹ durch die Straßen getragen. Sie fingen sogar schon an, von einer königlichen Armee zu sprechen, die sich in irgendwelchen Bergfesten bereithalte, was natürlich nichts als ein Bluff war. Sie können sich vorstellen, wie das den Haß unter der einheimischen Bevölkerung schürte.‹

›Trotzdem war das noch vergleichsweise harmlos, wenn man so hört, was jetzt geschieht.‹

›Es ist sehr, sehr bedauerlich. Christen und Moslems sind stets Nachbarn, wenn schon nicht immer Freunde gewesen. Der Vorwurf, die Türken würden die Armenier aus religiösen Gründen verfolgen, ist eine Erfindung des westlichen Journalismus. Bisher war keine armenische Kirche entweiht worden, aber jetzt... was soll man sagen, Efendi, es ist eine Schande.‹

Eine Zeitlang schwiegen wir beide. Doch als uns der Kellner frischen Kaffee gebracht und der Mullah einen schlürfenden Schluck aus seiner Tasse genommen hatte, seufzte er und sagte: ›Ganz abgesehen von der Schuld, die wir auf unser Gewissen geladen haben, schaden wir uns selbst. Die Armenier sind intelligent, talentiert und erfinderisch. Ich jedenfalls habe nie daran Anstoß genommen, daß sie die Kontrolle über das Finanzwesen innehatten. Unsere eigenen Leute können eben nicht planen und organisieren, und so haben alle von der Geschäftstüchtigkeit der Armenier profitiert. Wenn uns auch der Glaube trennt – sind wir nicht trotzdem alle Orientalen? Können Griechen, Armenier und Türken nicht in Freundschaft leben?‹

›Manche können es.‹

Er fuhr fort, als hätte ich nichts gesagt. ›Ich habe das

Problem analysiert. Die Armenier fingen an, sich an den Westen anzuschließen – und als unser Land dann für die Mittelmächte Partei ergriff, waren die Armenier die Sündenböcke. Aber nicht nur die Armenier werden von unserer Regierung geopfert; auch wir sind Opfer ihrer Politik. Ah, das Leben ist billig, Efendi, und wir haben es immer hingenommen, wie immer sich das Rad gedreht hat – gestützt auf unseren Glauben, daß der Tod die willkommene Erlösung von diesem Leben ist. Inschallah!‹

Danach schwiegen wir lange. Als ich mich erhob, um zu gehen, ergriff der Mullah noch einmal das Wort. Mehr zu sich als zu mir sagte er: ›Ah, wir alle waren Kinder‹, und er stieß einen tiefen, unglücklichen Seufzer aus. ›Der Türke hat sich schlimm, der Armenier kindisch benommen. Oder auch umgekehrt, wenn Sie wollen. Ob so oder so – sie bleiben zwei Dummköpfe, die nicht imstande sind, sich zu vertragen und in einem Haus zusammen zu spielen. Darum hat das eine Kind, das glaubt, das Haus sei seines, das andere vertrieben, dem das Haus gewiß nicht gehört. Aber das armenische Kind hat kein Haus, in das es zurückkehren könnte, und auch keinen Nachbarn, der ihm Unterschlupf gewährte, und deshalb wurde es verbannt und in die Wüste geschickt.‹«

Das Feuer gab einen lauten Knall. Ich guckte über die Schulter der Frau, die vor mir saß, nach meinem Vater. Er hielt den Kopf gesenkt, zum Zeichen, daß er geendet hatte. Langsam kroch ich zurück zu unserem Wagen.

7

1915–1916

Die Tage schleppten sich dahin. War eine Woche, waren zwei oder noch mehr vergangen? Ich verlor die Spur der Tage, ja sogar der Monate aus den Augen. Papa kam und ging, und wir hatten immer zu essen, aber es war unmöglich, sich den Frohsinn zu bewahren. Obwohl nichts die Gleichförmigkeit der Tage unterbrach, wußten wir sehr wohl, daß sie jederzeit unterbrochen werden konnte; und was dann kam, würde nur noch schlimmer sein. Papa berichtete, daß die Türken nach wie vor die Armenier außer Landes deportierten. Es sei nur eine Frage der Zeit, daß auch wir den Weg in die Arabische Wüste antreten müßten. Doch das Schlimmste von allem war die Ungewißheit, oder jedenfalls empfanden wir es so. Welches Schicksal uns auch erwartete, wir fürchteten seine Enthüllung.

All die Liebe, die mich umgab, seit wir unser Zuhause verlassen hatten, nahm ich für selbstverständlich. Aber ich war nicht länger das Kind, das ich am Beginn unserer Reise gewesen war. Irgend etwas tief in mir drinnen – ich wußte, es war Liebe – gehörte allen, die mit uns unterwegs waren. Alles wurde geteilt. Niemand dachte nur an sich; im Gegenteil, es schien, als stellte jeder die eigene Person hinter der des anderen zurück. Jeder versuchte seinem Nächsten die Last, die er trug, zu erleichtern, und aus irgendeinem Grund erleichterte uns das selbst. Ich erkannte, daß die Erwachsenen nur um der Kinder willen durchhielten; und natürlich wären wir ohne sie, die uns geleiteten und beschützten, hilflose Opfer geworden.

Eines Nachmittags kamen vier berittene türkische Soldaten ins Lager geprescht. Sie wechselten ein paar eilige Worte mit unserem Wachtposten, der, ohne eine Sekunde zu verlieren, seine wenigen Habseligkeiten zusammen-

raffte, auf sein Pferd sprang und in Richtung Adana davonritt.
»Ihr habt fünf Minuten Zeit, um eure Sachen zu packen«, sagte einer der Soldaten. »Beeilt euch. Was nicht reisefertig ist, bleibt zurück.«
Die Männer packten Behälter und rannten zum Fluß, während die Frauen hastig ihr Hab und Gut in die Rucksäcke stopften. Mama wies mich an, unsere Sachen in den Wagen zu werfen; sie selbst lief, um anderen zu helfen.
»Es sind Freischärler«, hörte ich einen Mann zu einem anderen sagen, als sie an mir vorbeirannten.
»Das Ende unserer Reise steht jetzt bevor. Entweder werden wir gerettet – oder wir krepieren wie Hunde«, sagte ein anderer.

Wieder waren wir eine Karawane und auf dem Marsch. An der ersten seichten Stelle im Fluß, zu der wir kamen, begannen wir auf die andere Seite überzusetzen. Das Ufer war mit buntem Laub übersät, und als ich über den Fluß auf die nunmehr fast kahlen Bäume blickte, erinnerte ich mich, wie grün alles gewesen war, als wir hier angekommen waren. Einige Blätter kreiselten oder glitten langsam kreisend um unsere Beine herum, stromabwärts, andere sanken hinab und verschwanden. Am anderen Ufer stießen wir auf einen ausgetretenen Fußpfad, und auf diesem bewegten wir uns nun langsam auf einen fernen purpurnen Berg zu, der einen Moment lang in der Sonne lag, bevor sie eine große graue Wolke verdeckte.
Drei Tage schleppten wir uns dem Berg entgegen, der immer weiter zurückzuweichen schien.
»Ziehen wir nach Arabien, Papa?« fragte ich einmal.
»Nach Syrien, mein Liebling. Wir ziehen nach Syrien.«
»Ist das dort, wo die Wüste ist?«
»Ja, dorthin kommen wir, wenn wir den Berg überquert haben. Aber nicht sofort; die wirkliche Wüste, wo gar nichts wächst, ist noch immer sehr weit von hier.«

»Aber wohin ziehen wir?«
»Ich glaube, das weiß niemand.«
»Irgend etwas in mir freut sich, daß wir die Türkei verlassen«, sagte plötzlich Großpapa. »Aber wie kann man sich andererseits darauf freuen, den Arabern auf Gnade oder Ungnade ausgeliefert zu werden?«
»Oh!« rief Mama. Ich wartete, was sie weiter sagen würde, aber sie schwieg. Ich sah, daß niemand sprechen wollte, weil es nichts mehr zu sagen gab.
Wir kamen durch viele kleine Ortschaften. Manche Leute starrten uns an, aber die meisten vermieden es, uns anzusehen, schauten weg oder tauchten in ihren Häusern unter.
»Sie ertragen es nicht und schämen sich, uns ins Gesicht zu blicken«, sagte Mama.
Ein Mann trat an unseren Wagen heran und wollte uns etwas Brot reichen, aber einer der Soldaten schlug es ihm aus der Hand. Der Mann setzte sich in den Staub und rührte sich nicht vom Fleck. Vergeblich versuchten die Begleitposten, einer nach dem anderen, auf ihn einzureden, bis einer ihm schließlich voll Verachtung ins Gesicht spie.
»Er ist müde wie wir«, sagte Papa. »Oft hat ein einzelner das Gewissen eines ganzen Dorfes zu tragen.«
Endlich kamen wir zu dem Berg. Er war niedriger als der, den wir zuletzt überquert hatten. Trotzdem brauchten wir zwei Tage, um auf die andere Seite zu gelangen.
»Je weiter wir kommen, um so ärmlicher wird alles«, sagte Mama. »Nichts kann hier gedeihen, und die Besiedlung wird immer spärlicher.«
»Nicht das Land, die Menschen sind es, die karg und unfruchtbar sind«, entgegnete Papa. »Hier befand sich einst eine Hochkultur.«
»Mesopotamien«, sagte Großpapa leise zu sich.
Wir hatten uns stetig südwärts bewegt. Dumpf brütende Hitze umfing uns. Bald hatten wir kein Wasser mehr, und auch unsere Essensvorräte wurden immer knapper. Papa konnte in den Dörfern Wasser kaufen, aber nur, wenn auch

die Wachen Bedarf an Wasser und Lebensmitteln hatten. Immer öfter hielten wir an, um zu rasten, und ich fragte mich, wie diejenigen, die zu Fuß gehen mußten, überhaupt noch weiterkonnten. Ich versuchte, nicht an all jene zu denken, die schon nicht mehr bei uns waren.
Am Morgen des dritten Tages nach der Bergüberquerung kam uns ein Reiter entgegen, der anders aussah als alle Wachen, die ich bisher gesehen hatte. Und doch war ich sicher, daß er Soldat oder Gendarm war.
»Wir müssen in Syrien sein«, sagte Papa. »Dieser Mann ist ein arabischer Beduine.«
Die Karawane kam zum Stillstand. Alles war ratlos und aufgeregt, niemand wußte, was weiter mit uns geschehen sollte. Unser Marsch durch die Türkei war beendet, aber das Gefühl der Erleichterung wollte sich nicht einstellen. Die türkischen Wachen ritten davon. Den Weg zurück, auf dem wir gekommen waren.
»Sie haben uns in dieses Niemandsland gebracht, um uns hier sterben zu lassen«, sagte eine Frau und begann zu wimmern.
»Weiter!« rief der Araber und fügte in gebrochenem Türkisch hinzu: »Sie gehen nach Gatma auf diese Straße, und dort Sie bleiben.« Und damit wandte er sein Pferd und sprengte in die angegebene Richtung davon.
»Warum läßt er uns allein?« fragte ich. Zum ersten Mal seit damals auf jenem Hügel in Konya blieben wir unbewacht.
»Hier brauchen wir niemanden, der uns in Trab hält«, meinte eine andere Frau. »Die Sonne und diese verbrannte Erde werden schon dafür sorgen.«
Niemand wußte, wo Gatma lag und wie weit es bis dorthin war. Sogar Papa sagte, er habe noch nie von einem Ort dieses Namens gehört. »Es muß ein winziges Nest sein«, vermutete er.
Am Nachmittag kamen wir durch ein armseliges Dorf, wo wir Milch und Eier kaufen konnten. Der Gesichtsausdruck der Araber gefiel uns nicht, und sobald wir die Lebensmittel erstanden hatten, setzten wir unseren Weg

fort. Kein Mensch sprach hier türkisch. Die Leute waren finster und unfreundlich und machten uns angst. Wie können wir unter solchen Menschen leben, dachte ich. Sie sind einfach zu verschieden von uns. Ich dachte mit solcher Sehnsucht an daheim und an Azizya, daß mir fast die Tränen kamen. Ich fragte mich, wie es wohl Großmama gehen mochte und ob sie auch alles gut für uns verwaltete. Eines Tages kehren wir nach Hause zurück, dachte ich. Wir müssen einfach.

Gegen Sonnenuntergang stießen wir wieder auf ein Dorf, und hier empfing uns derselbe Reiter, der die türkischen Wachen abgelöst hatte und dann vorausgeritten war. Er befahl uns, bei einer Baumgruppe am Rand des Dorfes unser Lager aufzuschlagen.

»Sie können kaufen Milch – und Joghurt – und Brot. Sie warten – Frauen kommen«, sagte er.

Am späten Abend suchte er uns auf unserem Lagerplatz auf, um mit Papa zu reden, der jetzt unser Wortführer war. Ich sah, wie Papa ihm ein paar Münzen gab, bevor er ging. Später erklärte mir Mama, daß Papa ihm Schmiergelder zahlen müsse, damit er uns vor räuberischen Banden beschützte, die uns des Nachts überfallen wollten.

»Sein Auftrag ist beendet«, hörte ich Papa zu Mama sagen. »Morgen wird unterwegs ein anderer Posten zu uns stoßen. Er sagt, wir sollen schleunigst weiterziehen, weil die Regenzeit schon überfällig ist, und wenn sie einmal eingesetzt hat, kommen wir überhaupt nicht mehr weiter. Er sagte auch, in Gatma sollen wir einen Lagerplatz und Zelte zugewiesen bekommen. Es scheint dort so etwas wie ein Sammelplatz für Deportierte zu sein.«

In aller Früh brachen wir wieder auf. Der Himmel hatte sich schon ein klein wenig aufgehellt, aber gleichzeitig waren noch alle Sterne zu sehen.

Papa trieb alle zur Eile an. »Wenn wir Glück haben, erreichen wir Gatma heute abend. Wir müssen dort sein, bevor der Regen einsetzt. Wir halten Mittagsrast, wenn die Sonne am höchsten steht.«

Am Nachmittag begann es zu nieseln.
»Das wird uns nicht aufhalten«, meinte Papa. »Die Erde dürstet nach Wasser und wird sich nicht so schnell in Schlamm verwandeln.«
Aber der Nieselregen hielt an, Stunde um Stunde.
»Zieht die Schuhe aus, und legt sie in den Wagen«, rief Papa, und alles schlüpfte schnell aus den Schuhen und reichte sie nach vorn. »Es ist nur noch einen Katzensprung bis Gatma!« verkündete er laut, als alle Schuhe eingesammelt waren.
Wir waren bis auf die Haut durchweicht, als wir endlich unseren Bestimmungsort erreichten. Es schien uns fast wie ein Wunder, daß wir nicht vollends im roten Schlamm steckengeblieben waren.
Ich schauderte, als ich die Menschen im Lager sah. Fast alle litten an einer Krankheit, die ihre Haut verfärbt hatte, und kolonnenweise schleppten sie sich zu dem abgegrenzten, offenen Platz, der als Toilette diente. Die meisten waren so schwach, daß sie den Weg durch den Schlamm nicht mehr schafften, hinfielen und liegenblieben, kraftlos, zu Tode erschöpft, sterbend.
»Cholera«, hörte ich Papa sagen. Und ich spürte, wie unser Wagen zum Halten kam.

8

1916

Ich glaubte, der Regen würde nie wieder aufhören. Obwohl wir Zelte zugewiesen bekamen, war es unmöglich, sich zu erwärmen. Über eine Woche verging, ehe der Regen soweit nachließ, daß wir Feuer machen konnten und unsere erste warme Mahlzeit bekamen. Alles, was es im Lager noch an Lebensmitteln gab, wurde untereinander geteilt. Es war noch etwas Mehl übrig, um Brot zu backen, ein wenig geschroteter Weizen und Dörrobst, viel mehr nicht. Wäre die Seuche nicht gewesen, hätte es überhaupt nichts mehr zu essen gegeben. Die meisten Leute waren zu krank, um zu essen, und viele waren schon gestorben.

Wir erhielten eines der Zelte, die wegen der zahllosen Todesfälle bereits leerstanden. Als wir unsere wenigen Habseligkeiten verstaut hatten und versuchten, es uns ein bißchen gemütlich zu machen, trat ein älterer Mann zu uns ins Zelt und begann ein Gespräch mit Papa.

»Von wo kommen Sie?« fragte er.

»Aus Azizya«, antwortete Papa.

»Also sind Sie von Afyon aufgebrochen«, sagte der Mann lächelnd, »mit uns. Sie sind Benyat Dumehjian. Ihr Wagen kam mir gleich so bekannt vor.«

Papa war überrascht, wie wir alle.

»In Konya haben Sie uns verlassen. Ich habe gesehen, wie Sie von einem Gendarmen ins Stadtzentrum geleitet wurden. Wir haben uns schon gefragt, was wohl aus Ihnen geworden ist.« Er machte eine kurze Pause und sah uns der Reihe nach an. »Die Strapazen haben uns gezeichnet. Ich sehe, daß Ihnen unsere Gesichter fremd geworden sind.«

»Hat man uns hierher in den Tod geschickt?« fragte Papa.

»So war es geplant. Aber Jemal Pascha, der türkische Kommandant und Gouverneur von Syrien, ist nicht so grausam wie die Männer in Konstantinopel. Leider haben die Alliierten sämtliche Seehäfen blockiert, und der gesamte Weizenvorrat aus der Haran-Region wurde für die Armee requiriert. Damit noch nicht genug, sind im Sommer in diesem Gebiet Heuschreckenschwärme eingefallen und haben alles kahlgefressen, so daß die Bauern selbst nichts zu essen haben. Wir sind natürlich die allerletzten.«

»Das Loch, in das wir marschiert sind, scheint mit jedem Schritt größer und tiefer zu werden«, sagte Großpapa.

»Trotzdem haben sich einige retten können. Und Gerüch-

te von einer geplanten Rettungsaktion seitens der Amerikaner halten sich beharrlich.«
»Sind auch die Straßen nach Bagdad und Damaskus gesperrt?«
»Mit Geld läßt sich alles regeln. Kennen Sie die Familie Boyajian?«
»Nur den Alten, wenn Sie den Teppichhändler aus dem armenischen Viertel von Afyon meinen.«
»Ja, seine Familie meine ich, Gott sei seiner Seele gnädig. Sein einziger Sohn ist samt seiner Familie mit uns zusammen aufgebrochen. Wissen Sie noch?«
»Jetzt erinnere ich mich wieder. Und der Alte – wann ist er gestorben?«
»In Konya.«
»Und der Sohn – Sie meinen, er ist geflüchtet?«
»Erst letzte Nacht. Er hat einen Araber bestochen, daß er ihn nach Damaskus bringt. Er fürchtete, seine Töchter könnten den türkischen Gendarmen in die Hände fallen.«
»Ich dachte, wir seien den Arabern übergeben worden?« fragte Papa alarmiert.
»Nur unterwegs. In allen Ortschaften sind türkische Gendarmen stationiert. Nachts kommen sie ins Lager und nehmen sich, was sie haben wollen. Sie gehen von Zelt zu Zelt und verschleppen unsere Frauen. Keine von denen ist je wieder zurückgekommen.«
Mama schrie auf. Der Alte sah sie an, und sein Gesicht verdüsterte sich noch mehr.
»Fahren Sie fort«, sagte Papa.
»Krikor Boyajian hat drei sehr hübsche halbwüchsige Töchter. Gleich in der ersten Nacht hier schnitt er ihnen die Haare ab und verschmierte ihnen das Gesicht, um sie möglichst unansehnlich zu machen.«
»Sie sind also entkommen?«
»Soviel ich weiß, ja.«
»Wie lange sind Sie schon hier?«
»Fünf Tage.«

»Erwarten Sie heute nacht die Gendarmen?« fragte Mama angstvoll.
»Jetzt nicht mehr. Nicht in diesem Dreck. Nun sind wir Gefangene des Regens, des Schlamms und dieser neuen Krankheit. Unser Henker wechselt ständig das Antlitz. Aber sein Handwerk bleibt immer der Tod.«

Die Tage kamen und gingen. Einer glich dem anderen. Wir verließen das Zelt nur, um die Toilette aufzusuchen. Die Seuche klang langsam ab, aber alle waren von Erschöpfung und Müdigkeit gezeichnet. Eines Tages hörte der Regen lange genug auf, daß die Frauen Pilav kochen konnten. Sobald das heiße Essen unsere Mägen erwärmt hatte, kam auch in unseren Gehirnen etwas in Gang, und alle begannen von Aufbruch zu reden. Aber in der Nacht setzte der Regen wieder ein, und über zwei Wochen hindurch regnete es ununterbrochen.
Eines Nachts träumte ich, daß ich schwamm. Die Sonne brannte herab und peitschte das Wasser zu elektrischen Strahlenbündeln auseinander. Ich wurde müde und legte mich auf den Rücken und schaute in die Sonne hinauf... Und plötzlich war ich wach und blickte in den fast weißen Glast, den die Sonnenstrahlen über unser Zeltdach gossen. Ich schwitzte – ja, zum ersten Mal, seit wir in Gatma waren, fühlte ich mich durch und durch warm.
Ich war allein im Zelt, aber ich konnte von draußen all die aufgeregten Stimmen hören. Ich sprang auf, zog meine Schuhe an und rannte hinaus. Ein Feuer brannte, die Frauen kneteten Teig, und die Männer schleppten von den nahen Büschen Reisig herbei.
Am Nachmittag gab es warmes Brot. Fast hatte ich vergessen, wie das schmeckte!
Langsam klarte das Wetter endgültig auf. Jeder schaute auf den Himmel und redete vom Wetter. Wir waren verdreckt und halb verhungert. Und alle sagten, wir würden sterben, wenn wir nicht bald aufbrachen.

Eines Morgens erwachte ich von lautem Geschrei und fremden Stimmen.
»Die Wachen sind zurückgekommen!« sagte Papa. »Wir brechen auf.«

Wieder waren wir unterwegs, auf einer Straße, die uns immer weiter von Azizya fortführte. Mama gab mir ein kleines Stück Brot, damit ich es auseinanderbrach und mit den anderen teilte. Danach schlief ich ein und wachte lange nicht auf.
Schließlich war es die Hitze, die mich weckte. Wir zogen langsam einen weit auslaufenden Hügel hinab, ringsherum, wohin man auch blickte, baumloses Land, gelb, flach.
»Wo sind wir?« fragte ich.
»In der Hölle, siehst du das nicht?« sagte Großpapa.
»Aber warum sind die Wachen noch da? Wohin führen sie uns?«
»Sie weigern sich, es uns zu sagen. Sie erklären, wir werden es wissen, wenn wir dort sind«, sagte Großpapa mit einem zornigen Unterton in der Stimme.
»Papa spricht doch Arabisch. Kann er sie denn nicht fragen?«
»Pst!« machte Großpapa. »Du redest zuviel.«
Papa drehte sich um und schaute mich an. »Wir werden bald eine Rastpause einlegen. Sobald ich etwas erfahre, sage ich es dir.«
Aber dann zeigte sich, daß einfach nichts herauszubringen war. Der arabische Begleitposten, mit dem er sprach, vertröstete ihn wieder einmal auf morgen. »Es sollte mich nicht wundern, wenn es die Wachen selbst nicht wüßten«, sagte Papa. »Wahrscheinlich werden sie unterwegs, in einem Dorf oder sonstwo, abgelöst.«
»Ich habe gehört, wir befinden uns auf dem Weg nach Aleppo«, sagte Mama.
»Das glaube ich nicht«, antwortete Papa. »Dann wären wir längst nach Süden abgeschwenkt. Wahrscheinlich platzt Aleppo schon aus allen Nähten.«

»Was ist aus unserem Leben geworden?« sinnierte Großpapa. »Krieg, Revolution, Deportation, Hunger – und diese endlose Wüste, die sich von Sand zu Schlamm und wieder in Sand verwandelt.«
»Denk an Großmama«, sagte ich. »Ich bete jeden Abend, daß wir bald wieder nach Hause kommen.«

Bedingt durch den schlechten Straßenzustand wie auch unseren eigenen geschwächten Zustand, konnten wir täglich nur wenige Kilometer zurücklegen. Vor Einbruch der Dunkelheit erlaubte man uns, haltzumachen und unsere Zelte aufzuschlagen, die wir aus Gatma mitgebracht hatten. Wenn sich unser Lagerplatz in der Nähe eines Dorfes befand, was öfter der Fall war, kam meist ein Araberjunge und verkaufte uns Feuerholz. Manchmal hatten sie auch ein weniges zu essen anzubieten – teuer, weil Lebensmittel äußerst rar geworden waren. Die Nächte waren kalt, und die meisten von uns trugen nur noch Fetzen am Leib. Jeder hatte Läuse, und alle hatten wir unter Flohbissen zu leiden, die vielfach Fieber verursachten, das jeweils etliche Stunden anhielt. Frühmorgens kamen die arabischen Wachen, meist aus den Dörfern, in denen sie übernachtet hatten, ins Lager zurück, sprangen vom Pferd und rüttelten brutal an den Zeltpflöcken, daß die Zelte über unseren Köpfen zusammenstürzten.
Eines Tages stießen wir an einem Kreuzweg auf einen Trupp türkischer Soldaten, die dort biwakierten. Unsere Karawane wurde angehalten, und uns wurde befohlen, vom Wagen zu steigen. Zwei der Soldaten forderten Papa auf, mitzukommen. Er folgte ihnen in eins ihrer Zelte, und als er wieder herauskam, hatte er schlechte Nachrichten.
»Die türkische Armee braucht dringend Transportmittel und Nachschub. Zu diesem Zweck beschlagnahmen sie meinen Wagen. Ich soll einen Teil von ihnen nach Aleppo bringen. Dort würde ich weitere Anordnungen erhalten. Ich glaube, sie wollen mich nach Bagdad schicken. Offen-

bar möchten sie es sich zunutze machen, daß ich dort Geschäftsbeziehungen hatte und daß ich fließend Arabisch spreche. Die türkische Armee scheint völlig ausgeblutet zu sein.«
Wir waren sprachlos. Papa und unser Wagen waren bis jetzt unsere Rettung gewesen. Jeder von uns dachte das gleiche.
»Was wird nun aus uns?« fragte Mama. Sie drückte die Jungen an sich, die zu wimmern begannen.
»Ihr geht nach Meskene«, antwortete Papa. »Es liegt noch zwei Tagesmärsche von hier. Das Lager dort ist dauerhafter als das in Gatma.«
»Gott schlägt nie die letzte Tür zu«, sagte Großpapa.
»Ich komme zurück! Ich komme mit Essen und mit Sachen zum Anziehen zurück«, sagte Papa. Und zu Mama gewandt, fügte er hinzu: »Du mußt unser restliches Geld sorgfältig hüten und sparsamst damit umgehen. Ich werde unseren Schmuck und die Edelsteine in der Stadt gegen Lebensmittel und andere wichtige Dinge eintauschen.«
»Dieser Krieg kann nicht ewig dauern«, sagte Onkel Haig. »Vielleicht finden wir in Meskene sogar Arbeit.«
»Laßt uns beten!« sagte Mama. Und damit begannen wir, unseren Wagen auszuräumen.
Papa sagte zu Onkel Apel: »Die Verantwortung für unsere Familie liegt jetzt auf dir, bis ich zurückkehre.« Er umarmte und küßte ihn, und anschließend umarmte und küßte er jeden von uns, und zu mir sagte er: »Sei ein tapferes Mädchen, Veron. Eines Tages fahren wir beide, du und ich, nach Bagdad und machen uns einen schönen Tag.« Ich lächelte und kicherte – und auf einmal lächelten alle. Und dann war Papa fort.

Der folgende Morgen wird mir immer und allzeit klar in Erinnerung bleiben. Als wir uns zum Aufbruch rüsteten, sagte Apkar zu meiner Mutter: »Pack meine Sachen in ein Bündel zusammen, Mama. Ich möchte mein Gepäck selber tragen.« In den nächsten Tagen, den letzten, die ihr noch verblieben, erzählte Mama das immer wieder und jedem, mit dem sie ins Gespräch kam. So stolz war sie auf ihren ältesten Sohn.

Wir erreichten Meskene. Es schien die direkte Wiederholung Gatmas zu sein, nur daß hier viel mehr Menschen waren. Das Wetter hatte umgeschlagen, Wolken verdüsterten den Himmel, und Wind kam auf – und schließlich begann es zu regnen. Wieder einmal kämpften wir uns durch Regen und Schlamm.
Das Lager war größer als jenes in Gatma und lag am anderen Ende der Stadt. Wir befanden uns hier nahe am Euphrat, der breit und schlammig und von den winterlichen Regenfällen angeschwollen war. Wir bauten unsere Zelte auf, und zwar so, daß sie miteinander in Verbindung standen, um unseren Wohnbereich zu vergrößern. Am zweiten Tag nach unserer Ankunft ging Onkel Apel in die Stadt, in der Hoffnung, dort etwas Blech und Bauholz aufzutreiben, um damit unser Quartier ein wenig stabiler und dauerhafter zu machen. Mama bat ihn, nach Möglichkeit auch etwas Garn mitzubringen, damit sie unsere zerrissenen Kleider flicken konnte.
Schon nach einer Stunde war Onkel Apel wieder zurück, mit leeren Händen, aber irgendwie erleichtert. »In Meskene sind keine türkischen Soldaten stationiert. Nur dürfen wir nicht in die Stadt hinein. Es heißt, wir seien krank, und die Bevölkerung soll vor Ansteckung geschützt werden.«
»Wie sollen wir uns dann verpflegen?« fragte Mama. »Falls wir hier bleiben?«
»Angeblich kommen regelmäßig Frauen hierher ins Lager, die Lebensmittel verkaufen.«
»Und wenn früher oder später unser Geld zu Ende ist?« bohrte Mama weiter. Aber Onkel Apel zuckte die Schultern und ging.
Tatsächlich kamen morgens und oft auch zu anderen Tageszeiten Araberinnen in marineblauen Gewändern ins Lager, gingen von Zelt zu Zelt und verkauften Lebensmit-

tel. Sie riefen: *»Halaab, halaab, lúbin!«* – Joghurt, Joghurt, Milch – und *»khubbus«,* Brot. Sie hatten sich Orangenschalen in die Nasenlöcher gestopft, um uns nicht riechen zu müssen.

Eines Morgens hörten wir draußen vor dem Zelt eine Stimme, die uns bekannt vorkam. Im nächsten Moment flog die Zeltklappe auf, und Onkel Apraham kam herein, gefolgt von Baron Varjabed, dem Lehrer der Jungen in Azizya. Wir trauten unseren Augen nicht. Es war, als kämen sie direkt von zu Hause. Wir wußten uns vor Freude kaum zu fassen. Schließlich erklärte uns Onkel Apraham, daß die armenischen Soldaten aus der türkischen Armee entlassen und Arbeitsbrigaden beim Straßen- und Schienenbau zugeteilt worden seien. Eines Nachts seien sie geflüchtet. Sie hatten sich als türkische Landarbeiter ausgegeben, und so war es ihnen gelungen, das Ziel des Deportationszuges aus Afyon ausfindig zu machen. Eigentlich hatten sie es kaum für möglich gehalten, daß sie uns noch lebend vorfinden würden. Vollkommen erschöpft, aber glücklich und entspannt ließen sie sich auf das für sie bereitete Lager fallen und schliefen sofort ein.

Ich betete regelmäßig um die Rückkehr meines Vaters. Aber Mama sagte, Papa sei sehr weit weg und würde lange nicht wiederkommen. Das Wetter war kalt und feucht und wurde immer kälter und feuchter, bis schließlich die winterlichen Regenfälle in voller Stärke einsetzten. Der Euphrat floß einige hundert Meter vom Lager entfernt, dennoch konnten wir Tag und Nacht sein Rauschen hören.

Die Cholera war wieder aufgeflammt, und immer mehr Menschen wurden krank. Die ganz alten und die ganz jungen starben zuerst. Aber niemand trauerte mehr. *»Azatveren? Azatveren?«* sagten die Hinterbliebenen und kleideten damit einen Klageruf in eine erleichterte Frage, etwa von der Bedeutung: »Sind sie erlöst, sind sie endlich frei?« Auch die kleinen Jungen mußten beim Ausheben der seichten Gruben helfen, in denen jeweils fünfzig bis

hundert Leichen gleichzeitig verscharrt wurden. Manchmal wohnte ein Priester diesen Massenbeerdigungen bei. Mit Ausnahme der engsten Familienangehörigen zeigten die Trauergäste keine Trauer.
Wir Kinder erkrankten ungefähr alle zur gleichen Zeit. Zuerst die beiden Jungen; dann Yeghsa und ich. Eines Tages fing ich an, mich zu erbrechen wie die anderen, und dann konnte ich den Stuhl nicht mehr halten. Harutiun schien eingeschlafen zu sein. Frauen gingen im Zelt ein und aus, aber ich hörte nur aufgeregtes Flüstern – und dann das Schluchzen meiner Mutter. Ich glaubte zu wissen, was geschehen war, aber ich war zu schwach, um mich zu bewegen. Am Morgen war Harutiun fort. Yeghsa und Apkar schliefen. Und Großpapa war ebenfalls fort. Meine Onkel waren krank. Mama lief von einem zum anderen, war nervös und weinte... Und dann schlief ich ein. Als ich aufwachte, hatte ich das Gefühl, sehr lange geschlafen zu haben. Große Stille war eingekehrt. Ich starrte in das Zeltdach hinauf und versuchte mich zurechtzufinden. Als ich mich umsah, war nur Mama da.

9

1916

Mama redete kaum noch.
Ich blieb für mich und bemühte mich, sie nicht zu belästigen. Aber ich war einsam und traurig und hatte Angst. Es gab nichts mehr zu tun für mich, ich hatte keine Pflichten und vermißte die Fürsorge für Yeghsa und meine kleinen Brüder. Auch sonst fanden sich im Umkreis unseres Zeltes keine Kinder, mit denen ich hätte spielen können. Gern hätte ich gewußt, wie lange ich krank gewesen war und wie es Mama gelungen war, mich gesundzupflegen, aber sie wollte nicht darüber reden.

Oft verließ sie das Lager und kehrte erst Stunden später wieder zurück, doch sagte sie mir nie, wohin sie ging oder wo sie gewesen war. Eines Tages ging ich ihr nach. Sie schlug den Weg zum Fluß ein und folgte ihm, bis sie zu einer Lichtung mit einigen verkrüppelten Bäumen kam. Ein seltsamer Ort, um allein hierherzukommen, dachte ich. Weit und breit war nichts, wofür es sich zu lohnen schien. Plötzlich verhielt sie den Schritt, stand einen Moment regungslos und ließ sich dann langsam auf die Knie nieder. Da kniete sie nun am Fuß eines Baumes und fing zu weinen an. Ihr ganzer Körper begann zu zittern, und ich konnte das Schluchzen hören, das sie schüttelte. Dann hob sie zu wehklagen an. Ich hatte Mama nie zuvor in dieser Weise weinen gehört. Ich erschrak zutiefst – und einen Moment später machte ich kehrt und rannte zum Lager zurück. Die ganze Zeit, während ich lief, sah ich dieses Bild vor mir. Mama auf Knien, auf den Fersen sitzend, der Oberkörper hebt und senkt sich, schwankt vor und zurück. Hinter sich den Baum und vor sich, im gleichen Abstand voneinander, drei große Steine.

Ein paar von Mamas besten Freundinnen aus Azizya waren wie wir noch im Lager. Während der Dauer unseres langen Marsches hatten wir sie kaum gesehen, doch jetzt kamen sie und besuchten uns im Zelt, ebenso wie Baron Varjabed, der schon immer ein enger Freund der Familie gewesen war. Die Frauen umarmten sich und brachten mir kleine Geschenke. Sie weinten und sagten, ich müsse jetzt auch ihr kleines Mädchen sein. Aber ich wollte nur von Mama liebevolle Worte hören. Ich vermißte ihre Aufmerksamkeit und zärtliche Zuwendung, und ich wünschte, Papa würde zurückkommen. Ich vermißte auch Großmama und Tante Lousapere und Hrpsime, aber ich bemühte mich, nicht an die zu denken, die nicht da waren. Es tat viel zu weh.
Ich spielte allein für mich vor unserem Zelt. Ich wollte in

Mamas Nähe sein und hoffte, sie würde bald wieder so sein wie früher.
Im Nachbarzelt wohnte ein alter Mann aus Afyon, der saß immerzu auf einem Gebetsteppich vor dem Zelt, spielte mit seinen Glasperlen und schaute vor sich auf den Boden. Tag um Tag sagte ich ihm guten Morgen und lächelte ihn an, in der Hoffnung, er werde mit mir reden, aber er murmelte nur in einem fort: »Ach ja, ach ja, unsere armenische Nation ist in alle Winde zerstreut. Wie können wir je wieder wie Menschen leben und auf eigenen Füßen stehen!«
Ich wußte nicht recht, was er meinte. Aber eins wußte ich genau: daß ich leben wollte. Ich wollte nicht sterben. Ich muß Großmama wiedersehen und unser Haus, dachte ich. Ich möchte heimgehen und Großmama bitten, mir zu erklären, was mit uns passiert ist. Ich wünschte es mir ganz fest, und ich war entschlossen, daß mein Wunsch sich erfüllte.
Dann plötzlich eines Morgens hörten wir Papas Stimme. Er rief dem Teemann zu, er solle Tee in unser Zelt bringen. Er mußte schon genau gewußt haben, welches unser Zelt war, denn er kam zielstrebig auf uns zu und rief zärtlich meinen Namen.
»Papa! Papa! Papa!« rief ich, rannte ihm entgegen und stürzte mich in seine Arme.
Er sagte: *»Yavroos«*, mein Liebling, ein ums andere Mal und drückte mich an sich.
Mama sagte nichts und rührte sich nicht vom Fleck. Sie setzte sich nieder, wo sie stand, und starrte Papa an. »Du bist zu spät gekommen«, sagte sie endlich. »Sie sind tot.« Dann brach sie weinend zusammen.
Papa rang nach Worten. Ich sah ihm an, welche Anstrengung es ihn kostete. »Überall gibt es Waisenkinder«, sagte er. »Ich kann dir so viele bringen, wie du nur willst.«
»Ich will *meine* Kinder!« schluchzte Mama.
Beide traten wir zu ihr und legten die Arme um sie, und da sah ich, daß auch Papa weinte. Und dann weinte auch ich –

aber ein paar von meinen Tränen waren Glückstränen, weil Mama, Papa und ich wieder vereint waren.

Die Regierung hatte Papa nach Bagdad geschickt, um Nachschub an Lebensmitteln und Kleider für die Soldaten zu holen. Ich hörte ihn zu Mama sagen, es sei ihm gelungen, dort etwas zu verkaufen, so daß wir wieder Geld hätten. Er brachte auch Lebensmittel mit, und zum ersten Mal seit Adana hatten wir wieder einmal Fleisch zwischen den Zähnen. Nur konnte er leider nicht bei uns bleiben, er mußte mit seiner Wagenladung zurück nach Aleppo. Einige der Waren, so sagte er, müsse er nach Damaskus bringen, aber sobald er von dort zurückkomme, würden wir uns wiedersehen.
Das Wetter hatte umgeschlagen. Es war jetzt trocken, und ein ganz klein wenig fühlte es sich an wie daheim, wenn der Frühling in der Luft lag. Und irgendwie gab mir das Hoffnung für die Zukunft. Papa kehrte zurück, und diesmal fuhr er nicht wieder fort. Mama ging jeden Tag zu den Gräbern, und immer folgte er ihr und brachte sie heim. Gemeinsam versuchten wir sie aufzuheitern, aber was wir auch taten, nichts wollte helfen. Eines Tages schien es ihr noch schlechter zu gehen als sonst, und Papa zwang sie, sich hinzulegen. Ich betete mit all meiner Kraft, aber sie wollte nicht aufstehen und wieder die Mama werden, die ich gekannt hatte. Die anderen Frauen hielten sich tagsüber jetzt ständig bei uns auf. Ich wollte das Zelt nicht mehr verlassen, aber manchmal mußte es sein. Und dann eines Nachts hörte ich, wie Papa aufstand und hinausging.
Mama stöhnte und warf sich von einer Seite auf die andere. Papa kam zurück, gefolgt von mehreren Frauen, und plötzlich herrschte große Aufregung im Zelt. Alle schienen gleichzeitig zu reden. Ich wußte, was jetzt geschah, und ich hörte Mama nach mir rufen, aber die Frauen hielten mich zurück. Ich hatte schreckliche Angst. Ich wollte nicht, daß sie starb, und ich wollte sie nicht sterben

sehen. Und dann hob mich eine der Frauen auf und trug mich aus dem Zelt.
In der Früh brachte sie mich zurück, aber Mama war nicht mehr da, und da wurde mir klar, daß sie tot war. Meine Mama war tot. Ich lief zu Papa und klammerte mich an ihn. Meine Verzweiflung war so groß, daß ich nicht einmal weinen konnte. »Mama ist tot, Papa. Mama ist tot.« Dann vergrub ich mich in seinen Armen.
»Sie hatte noch immer ihre roten Wangen«, sagte eine der Frauen. »Sie starb an gebrochenem Herzen. Sie konnte den Verlust ihrer Jungen nicht überwinden.«
»Sie war nicht einmal krank«, sagte eine andere.

Papa war immer an meiner Seite. Lange Zeit dachte ich nicht an Großmama oder an Azizya. Ich war nicht imstande, an irgend etwas zu denken. Papa tat sein möglichstes, mich seine Traurigkeit nicht merken zu lassen. Und er sagte, er werde mich nie, nie mehr allein lassen.
Die Tage kamen und gingen. Mein Leben war leer, und ich selbst fühlte mich leer. Aber jeder Tag war ein bißchen weniger traurig als der vorige, und ganz allmählich kehrte die Hoffnung zurück. Das einzige, woran ich mich in dieser schrecklichen Zeit erinnere, sind die Worte »Deir el Zor«. Das war eine Stadt in Syrien, südlich von uns gelegen, wo alle Armenier der sichere Tod erwartete. So sagte Papa. Er habe gehört, sagte er, wenn man einmal nach Deir el Zor geschickt würde, gäbe es keine Rettung mehr. Zu Tausenden würden die Menschen dorthin gebracht. Man nannte es die Endstation; den armenischen Friedhof. Ich wußte jetzt, was das Wort Tod bedeutete, und ich wußte, daß die Türken so viele von uns wie nur möglich in den Tod schicken wollten. Seltsam, aber ich fürchtete mich nicht. Ich fühlte mich sicher, weil ich meinen Papa hatte, und ich war überzeugt, er werde schon gut auf mich aufpassen.
Die Gerüchte, unseren Abtransport nach Deir el Zor

betreffend, verdichteten sich. Die Aufregung und Nervosität im Lager wuchs von Tag zu Tag. Schließlich zweifelte niemand mehr, daß das Unvermeidliche unmittelbar bevorstand. Man konnte es einfach spüren. Es wurde nur noch im Flüsterton gesprochen – erst recht, nachdem eines Nachmittags mehrere zusätzliche Wachen im Lager aufgetaucht waren. In der Nacht weckte mich der ungewohnte Lärm in unserem Zelt. Außer Papa waren auch noch die Frauen da, die sich tagsüber um mich kümmerten, sowie Baron Varjabed. Ich hörte nicht, was geredet wurde, aber ich fühlte die erregte Spannung. Dann sah ich, daß sie gepackt hatten: sechs Bündel lagen fest verschnürt am Boden. Papa hatte meinen Namen schon auf den Lippen, aber noch ehe er ihn aussprach, war ich aufgesprungen.
»Fliehen wir, Papa?« fragte es laut aus mir heraus. Ich wollte mich beherrschen, aber ich war zu aufgeregt. Zum ersten Mal, seit Mama gestorben war, fühlte ich mich wieder vollkommen lebendig.
»Pst! Still, Veron!« mahnte Papa. »Schnell, zieh dich an.« Eine der Frauen half mir, meine Sachen zusammenzupacken.
»Wohin gehen wir?« fragte ich flüsternd.
»Nach Birecik. Dein Vater hat einen Gendarmen bestochen. Aber wir müssen ganz leise sein.«
»Wo ist Birecik?«
»Drei Tagesreisen von hier flußaufwärts«, antwortete sie mit leiser, beruhigender Stimme. »Birecik liegt in der Türkei, die nun wieder frei ist, vorläufig wenigstens. Wir lassen die Massaker hinter uns. Sobald wir dort sind, gibt es keine Deportationen, keinen Marsch, kein Leid mehr.«
»Aber ...«
»Pst, keine Fragen mehr, bevor wir in sicherer Entfernung sind. Schnell! Gleich brechen wir auf!«

10

1916

Als wir uns an dem gewundenen Ufer des Euphrat entlang Birecik näherten, sahen wir eine große Anzahl schwarzer Vögel, die dicht über dem Wasser flogen oder in den Untiefen des Flusses stelzten. Sie hatten lange Beine, pechschwarzes Gefieder und einen langen schlanken Hals.

In der Ferne ragte ein steiler Felsen hoch über das jenseitige Flußufer empor, gekrönt von einer Burg, die sich direkt aus dem Fluß zu erheben schien.

»Das ist die Festung Birecik«, sagte Papa, nachdem wir sie eine Weile angestarrt hatten.

Wir fuhren weiter, bis wir uns genau gegenüber befanden. Meine Aufmerksamkeit wurde von einem merkwürdigen Boot abgelenkt, um das sich eine Menge Leute drängten.

»Das ist ein Fährboot«, sagte eine der Frauen, als sie meinen fragenden Blick sah. »Es wird uns über den Fluß befördern, samt Wagen und allem, sobald genügend Fahrgäste beisammen sind.«

Es war schrecklich aufregend, mit dem Wagen auf das Boot hinaufzufahren. Papa ließ mich vorn neben sich sitzen, damit mir ja nichts entging. Doch sobald wir an Bord und die Pferde festgebunden waren, kletterten wir vom Wagen und gingen in den vorderen Teil des Bootes, wo sich auch schon andere Fahrgäste versammelt hatten. Die Strömung war so stark, daß wir nicht in direkter Linie übersetzen konnten, statt dessen wurde das Fährboot in sanftem Bogen bis ans untere Ende der Stadt abgetrieben. Es war herrlich, aber gleichzeitig machte es mich schwindlig, so daß ich mich niedersetzen mußte. Kurz bevor wir am anderen Ufer anlegten, wurde das Boot mit mächtigen Seilen stromaufwärts gezerrt. Es schlingerte etwas, aber es fuhr jetzt so langsam, daß ich aufstehen und das Manöver beobachten konnte. Ich schaute auf das Wasser hinunter,

und plötzlich sah ich rosa und gelb die Mauern der Burg, die sich in der Oberfläche spiegelten, verzerrt von den glitzernden Wellen und ineinander verschwimmend. Und dann bemerkte ich eine gleichmäßig dunkle Linie unterhalb der zerfließenden Farben. Ich hob den Blick, um zur Burg hinaufzuschauen, und da sah ich zu meiner Überraschung die großen schwarzen Vögel wieder. Auf einem natürlichen Felsensims, etwa auf halber Höhe der Steilwand, hatten die Vögel ihre buschigen Nester gebaut.
»Schau, Papa, schau!« rief ich.
Ein Mann, der in unserer Nähe saß, mußte über meine Aufregung lächeln. »Wie heißen diese Vögel?« fragte ihn Papa.
»Hier nennt man sie die Birecikli-Vögel«, sagte der Mann. »Tatsächlich gehören sie zur Familie der Ibisse und sind nicht heimisch hier.«
»Es sind also Zugvögel«, stellte Papa fest.
»Sie kommen jedes Frühjahr in großen Schwärmen, den ganzen weiten Weg aus der Nilebene und über Palästina bis nach Birecik. Hier lassen sie sich nieder, um zu nisten, bevor sie dann gegen Ende des Sommers wieder zurückfliegen. Sie nisten ausschließlich auf dieser Felskante, deshalb nennen wir sie die Birecikli-Vögel.«
Nach der Ausschiffung fuhr Papa die Hauptstraße entlang, die parallel zum Fluß verlief. Wir kamen am Basar vorbei, auf den er die Frauen aufmerksam machte, und ein Stück weiter zu einem Gasthof, wo er sich nach einem Quartier für uns erkundigen wollte.
Der Besitzer des Gasthofs kam zu unserem Wagen heraus. Papa und Baron Varjabed stiegen ab und sprachen türkisch mit ihm, bedankten sich schließlich und stiegen wieder auf. Papa wendete den Wagen und kutschierte in die Stadt zurück. Hinter dem Stadtbrunnen bogen wir in eine Straße ein, die steil bergauf führte. Immer wieder begegneten wir jungen Mädchen, die mit Wasserkrügen zum Brunnen unterwegs waren oder die vollen Krüge heimtrugen. Es tat gut, wieder in einer Stadt zu sein und

den friedlichen Stimmen der Leute zu lauschen. Schließlich hielten wir bei einem kleinen ummauerten Hof, Avlu genannt, mit einem Häuschen in jeder seiner vier Ecken. Zu unserem namenlosen Glück stand eines dieser Häuschen für uns bereit. Es bestand aus einem einzigen Raum mit Lehmboden und einer Feuerstelle in der Ecke.
Wir konnten es kaum glauben. Zuerst schauten wir uns wortlos um, und dann auf einmal fingen wir alle gleichzeitig an zu schnattern. Wir stürzten uns ins Saubermachen und schafften unsere Sachen herein. Papa und Varjabed gingen in die Stadt, um etwas zu essen zu besorgen. Eine der Frauen – mittlerweile nannte ich sie meine Dudus, meine lieben Tanten – legte ein Feuer an. Und dann breiteten wir unsere Gebetsteppiche auf, ließen uns darauf nieder und stimmten ein Kirchenlied an – leise, daß unsere türkischen Nachbarn es nicht hörten.
Nach dem Essen eröffnete uns Papa die schlechten Nachrichten. Er stand nach wie vor im Dienst der Regierung und mußte sofort aufbrechen, um sich beim Kaimakam in Aleppo zu melden. Varjabed sollte ihn begleiten, Papa hoffte, auch für ihn eine Anstellung zu finden, wenn möglich als sein Assistent. Ich war traurig, aber ich ließ es mir nicht anmerken, wenigstens nicht sehr, weil ich wußte, daß Papa keine andere Wahl hatte. Er mußte seinem Auftrag nachkommen.
»Sei nicht betrübt, Veron«, sagte Papa, »deine lieben Tanten werden gut auf dich aufpassen, und ich werde so bald wie nur möglich kommen und dich besuchen.«
Wortlos ging ich zu ihm hin und schmiegte mich in seine Arme.
»Wenn der Krieg zu Ende ist, kehren wir alle nach Hause zurück, Veron. Jetzt zieh deinen Mantel an. Wir gehen zusammen in die Bäckerei. Ich möchte dich mit dem Bäcker bekannt machen, damit du meine tägliche Brotration bekommst, die mir als Soldat zusteht. Baron Varjabed wird seine Ration mit mir teilen, und du teilst meine mit den Tanten, so werden wir alle durchkommen.«

Die Bäckerei war nicht weit von unserer Unterkunft, so daß man zu Fuß hingehen konnte. »Versuche dir den Weg gut zu merken«, sagte Papa. Als wir den Laden betraten, überreichte er dem Bäcker ein Schriftstück. Dann nahm er meine Hand und stellte mich vor. »Das ist meine Tochter. Ich wünsche, daß sie meine tägliche Brotration bekommt.«
»Recht so! Wie heißt du denn, Kleine?« fragte der Bäcker.
»Veron«, sagte ich und drückte Papas Hand.
»Also gut, Veron, du bekommst jeden Tag einen Laib Brot. Wir holen das Brot morgens zwischen halb zehn und zehn aus dem Ofen. Ab da kannst du jederzeit kommen.«
Wir bedankten uns bei dem Bäcker, und dann gingen wir wieder.

Meine Tanten gaben mir zum Brotholen einen Beutel, damit das Brot nicht staubig werden oder gar auf den Boden fallen konnte. Jeden Tag trug ich das Brot so andächtig heim, als wäre es Maas, heiliges, geweihtes Brot aus der Kirche. Danach wartete ich auf meine Tanten, die in den Basar gegangen waren, um noch irgend etwas Eßbares herbeizuschaffen. Morgen für Morgen streiften sie dort umher, hoben jeden eßbaren Brocken auf und sammelten ein, was sie finden konnten: angefaultes Grünzeug, das die Händler nicht mehr verkaufen konnten, unansehnliche Spinat- oder Mangoldblätter und andere Gemüseabfälle. Mit etwas Mehl verdickten sie den Gemüseabsud zu einer Art Soße, und dahinein tunkten wir unser Brot. Der kleine Brotlaib wurde halbiert, die eine Hälfte gab es zu Mittag, die andere zum Abendessen. Das ergab gerade je eine Schnitte für uns pro Mahlzeit. Niemand beklagte sich, obwohl niemand je wirklich satt wurde. Wir waren dankbar, am Leben, in Sicherheit und außer Gefahr zu sein.
Nach dem Essen zog ich mich zum Spielen in eine Ecke zurück. Ich redete mit mir selbst, weil ich keine Freunde hatte. Ich erfand Spiele und tat so, als ob die Fetzen, die

ich zum Spielen hatte, Puppen wären. Um mir eine Freude zu machen, nähten meine Tanten ein paar Fetzen zusammen und stopften diese Hülle mit weiteren Fetzen aus, so daß das Ganze dann mit viel Phantasie wie eine Puppe aussah.

Meine Tanten konnten trotz unseres jetzigen friedlichen Lebens nicht froh werden. Nach dem täglichen Basarbesuch verbrachten sie die ganze übrige Zeit daheim, besserten ihre schwarzen Kleider aus und unterhielten sich im Flüsterton auf armenisch miteinander. All ihre Lieben waren entweder vermißt oder tot, und wenn ich mein Schicksal mit ihrem verglich, wurde mir klar, wie glücklich ich war, daß ich einen Vater hatte, der sich um mich kümmerte, und ein Zuhause, das in Azizya auf mich wartete. Jetzt, wo wir in Sicherheit waren, brachte ich mehr und mehr Zeit damit zu, von unserem Haus und von Großmama zu träumen. Ich tat, als spielte ich mit Hrpsime, und Großmama und Tante Lousapere wären im Nebenzimmer, so daß wir jederzeit hinüberlaufen und uns beschweren konnten, falls wir in Streit gerieten.

Papa kam alle paar Wochen einmal zu Besuch, und jedesmal brachte er uns Fleisch mit. »Hin und wieder brauchen wir das«, pflegte er lächelnd zu sagen. Meine Tanten freuten sich und waren sogar ein wenig glücklich, wenn er da war, weil auch sie sich dann beschützt und geborgen fühlten.

Hand in Hand gingen Papa und ich in den Basar, und dort kaufte er mir irgend etwas Hübsches oder Gutes: ein buntes Band oder Leblebi und Rosinen. In Papas Gegenwart fühlte ich mich sicher und kam mir wichtig vor. Ich meinte, jeder müßte wissen, was für ein bedeutender Mann mein Papa war, der auf der ganzen Welt herumreiste und Geschäfte machte. Er war kein Flüchtling wie wir anderen.

»Wenn es nicht um dich ginge«, so sagte er, »hätte ich mich als Türke ausgegeben und längst nach Azizya zurückkehren können. Aber um nichts in der Welt würde ich

mein kleines Mädchen im Stich lassen.« Dabei drückte er meine Hand ganz fest.
Wir sprachen oft von Großmama. Papa sagte, er habe ihr geschrieben, wir würden so bald wie möglich heimkommen. Aber das könne erst sein, wenn der Krieg zu Ende sei.
Sobald Papa wegfuhr, wurden die Tage wieder trüb und eintönig. Als ich ihm das einmal sagte, antwortete er, ich sollte kein Selbstmitleid aufkommen lassen und statt dessen lieber versuchen, meine Tanten aufzuheitern. Er fügte hinzu, wir alle seien von dem Vergangenen mehr mitgenommen, als uns selbst bewußt sei. Zum ersten Mal wurde mir klar, wie einsam und erschöpft er war. Er hatte mich das bisher nie spüren lassen, aber jetzt auf einmal merkte ich es irgendwie. Und plötzlich hatte ich großes Mitleid mit meinem Papa, dem ich so viel verdankte. Gleichzeitig mußte ich auch an all die anderen denken, die sich für mich aufgeopfert hatten. Ich dankte Gott und gelobte, mich stets zu bemühen, andere Menschen froh zu machen. Eines Tages sagte Papa zu mir: »Komm, spazieren wir zum höchsten Punkt der Stadt hinauf und lassen wir uns die Sonne ein wenig ins Gesicht scheinen, solange noch Zeit ist.«
Lange saßen wir zwei allein auf einem großen Stein und genossen die Stille. Wir schauten hinunter auf die Ebene, die sich, braun und gelb, scheinbar endlos erstreckte, und sahen da und dort noch einen der großen schwarzen Vögel fliegen.
»Azizya ist unser Zuhause und wird es immer bleiben«, sagte Papa und brach damit das Schweigen, »aber Türken und Armenier können nie wieder Freunde sein. Ich mache mir Gedanken über die Zukunft. Einerseits sorge ich mich um Großmama und Lousapere, andererseits um dich und Hrpsime und all die anderen Kinder, die das Leben jetzt ganz von vorne beginnen müssen, mit einer Vergangenheit, die ausgelöscht, und einer Zukunft, die ungewiß ist. Ich glaube, es müßte ein Weg gefunden werden, um unser

Volk in einem anderen Land neu zu begründen, und zwar möglichst weit weg von hier – weit entfernt von unserem Leid, unseren Narben und unserer Pein, in einer Welt, wo unsere Kinder frei sein werden von unseren Wunden. Versuche immer daran zu denken, Veron. Alles andere, was ich dir je gesagt habe, magst du vergessen, nicht aber meine heutigen Worte.«
Die ersten Blätter fielen von den Bäumen, als er dieses Mal aufbrach. Und so blieb mir seine Abreise in Erinnerung: die frostige Luft, als sich die Sonne zum Untergang neigte, und die wirbelnden Blätter unter Papas Wagen.
Es war Winter, als ich den Wagen wiedersah. Ich kam soeben aus der Bäckerei zurück, und als ich um die Ecke bog, stand Papas Wagen vor der Tür. Ich rannte los. Aber als ich ins Haus trat, sah ich mich meinen Tanten gegenüber, und der Mann, der bei ihnen saß, war nicht Papa, sondern Baron Varjabed. Sie mußten mir nicht sagen, warum er gekommen war. Ich stand in der Tür und preßte Papas Brot an mich. Die Tanten riefen mich, aber ich rührte mich nicht. Schließlich sagte Baron Varjabed: »Er starb im Stehen, während wir den Wagen ausluden. Es blieb ihm nicht einmal Zeit, ein letztes Wort zu sprechen.«

11

1917

Als ich am folgenden Tag den Bäckerladen betrat, mußte ich etwas warten, weil der Bäcker zwei Frauen bediente, die vor mir gekommen waren. Sobald sie gegangen waren, schaute er mich an und sagte: »Es tut mir leid, Veron, die Ration für deinen Vater wurde eingestellt. Ich kann dir kein Brot mehr geben.«
Ich sagte nichts darauf. Irgendwie hatte ich es erwartet.

Aber als ich zur Tür ging und der Bäcker meinen Namen rief, gab es mir einen Stich. In diesem Moment wurde mir klar, was es bedeuten würde, ohne die Liebe und Hilfe meines Vaters zu sein.
»Hier«, sagte der Bäcker und steckte mir einen Laib Brot zu, »der Befehl kam heute morgen, *nachdem* du da warst.« Dabei lächelte er, und ich lächelte auch. Aber plötzlich spürte ich, daß mir die Tränen kamen. Ich öffnete die Tür und rannte.

Ich wußte nicht, was mit Papas Geld geschehen war oder ob er überhaupt welches besessen hatte, bevor er gestorben war. Baron Varjabed sagte, die Regierung habe den Wagen zum staatlichen Eigentum erklärt. Im Grunde interessierte mich das alles nicht, ich hörte nur meine Tanten darüber sprechen. Ich selbst sprach überhaupt nichts. Ich hatte das Gefühl, ganz allein auf der Welt zu sein, obwohl meine Tanten sagten, sie würden sich um mich kümmern und mich mitnehmen, wenn es soweit war.
Unsere Lage war verzweifelt zu nennen, denn nun hatten wir noch weniger zu essen als vorher. Ich fragte meine Tanten, ob es nicht eine Möglichkeit gäbe, etwas Geld oder Lebensmittel zu verdienen. Ich fühlte mich durchaus imstande zu arbeiten. Im Oktober wurde ich zehn, und das schien mir einfach zu alt, um nichts anderes zu tun, als in den Tag zu träumen und zu spielen.
Eines Tages gab es aufregende Neuigkeiten für mich! Eine meiner Tanten hatte mir Arbeit als Wasserträgerin für zwei unserer türkischen Nachbarn besorgt. Sie zeigte mir die betreffenden Häuser und sagte, das eine sei das Haus eines Hodscha, also eines geistlichen Lehrers. Dann erklärte sie mir, was ich zu tun hatte. In der Früh mußte ich als erstes die Krüge abholen, um damit zum Brunnen zu gehen und sie zu füllen. Die vollen Krüge sollte ich sodann einem jungen armenischen Mädchen abliefern, das allein in einem Hinterhaus des Hofgevierts wohnte.

»Wer ist dieses Mädchen?« wollte eine andere Tante wissen. »Ist sie eine Konvertitin, die sich der Hodscha zur Nebenfrau genommen hat, oder hat er sie adoptiert?«
»Das weiß ich nicht. Ich hatte keine Möglichkeit, danach zu fragen. Ich weiß nur, daß sie Narkes heißt.«
Ich hatte schon gehört, daß viele armenische Kinder und Frauen, um ihr Leben zu retten, zum Islam übergetreten waren und jetzt bei türkischen Familien lebten. Jedenfalls war ich sehr neugierig auf Narkes.
Am nächsten Morgen machte ich ein schreckliches Theater. Ich gab meinen Tanten keine Ruhe und fragte sie immer wieder, ob ich auch einen präsentablen Eindruck machte. Sie zeigten große Geduld und versicherten mir immer wieder, es werde schon alles gutgehen.
Zuerst ging ich zum Haus des Hodscha. Die Hanim, die erste Frau des Hauses, öffnete mir, begrüßte mich freundlich und schickte mich dann zum Hintereingang. Dort erwartete mich das armenische Mädchen. Es war sehr hübsch, mit heller Haut, goldbraunem Haar und großen traurigen armenischen Augen. Ich mochte sie gleich, und wir redeten sofort miteinander, als ob wir alte Freunde wären. Ich erzählte ihr von Azizya, und sie erzählte mir von ihrer Heimatstadt Maraş. Es war unschwer zu erkennen, daß auch sie großes Leid erfahren hatte. Aber darüber sprachen wir beide nicht. Schließlich drückte sie mir zwei Tonkrüge in die Hand und fragte, ob ich wisse, wo der Brunnen sei.
Irgendwie fühlte ich mich wie neu geboren, während ich zum Brunnen ging, um Wasser zu holen. Zum ersten Mal in meinem Leben verdiente ich meinen Lebensunterhalt selbst, und das gab mir die Gewißheit, nun einen ganz neuen Platz im Leben einzunehmen.
Ich fürchtete mich ein wenig vor meinen Auftraggebern, aber meine Furcht schwand bald, als ich merkte, daß sie, obwohl Türken, mir nicht feindselig begegneten. Wahrscheinlich wußten sie nicht einmal, daß ich Armenierin war. Es war harte Arbeit, die vollen Krüge die vielen

weißen Stufen hinaufzuschleppen. Alle paar Schritte mußte ich stehenbleiben und verschnaufen, bevor ich die nächsten Stufen nahm. Jetzt stellte ich fest, wie geschwächt ich war und wie sehr mir körperliche Betätigung nottat. Ich machte ein Spiel daraus, die Stufen zu zählen oder mir vorzunehmen, soundso viele Stufen in einem Schwung hinaufzusteigen, bevor ich wieder eine Rastpause einlegen durfte.

Wenn ich es schließlich geschafft hatte und bei Narkes an die Hintertür klopfte, nahm sie mir die Krüge ab, legte den Arm um mich und führte mich hinein. Sie gab mir ein Glas Wasser und ein Stück Helva, Türkischen Honig, und dann unterhielten wir uns ein Weilchen, ehe sie in die Küche des Haupthauses hinüberging. Kurz darauf kam sie mit einem zusammengerollten Brotfladen zurück. Die Enden der Rolle waren eingeschlagen, und das ließ vermuten, daß darin noch etwas anderes steckte. Ich war riesig stolz, als ich die Rolle in Empfang nahm. Das hatte ich nun selbst, mit eigener Arbeit, verdient und konnte es mit meinen Tanten teilen. Ich versuchte in die Rolle hineinzugucken, aber meine Neugier half mir nicht zu erraten, was sich darin verbarg.

Meine Tanten umringten mich aufgeregt, als ich heimkam, und jetzt wurde das Brot feierlich aufgerollt. Ein schönes Stück Schafskäse und ein paar schwarze Oliven kamen zum Vorschein. Unsere Freude war unbeschreiblich, wir lachten und redeten alle durcheinander.

Am Nachmittag ging ich zu der zweiten türkischen Familie. Auch dort waren alle sehr freundlich zu mir. Sie nannten mich beim Vornamen und entlohnten mich fast ebenso großzügig wie Narkes und die Familie des Hodscha. Auch sie gaben mir Oliven, Käse oder Helva und hin und wieder etwas eingemachtes Lammfleisch. Immer waren diese Dinge in Brot eingewickelt, so daß es daheim dann jedesmal eine spannende Überraschung gab.

Eines Tages, als ich wie sonst am Nachmittag hinüberkam, um die Wasserkrüge zu holen, ging es dort fröhlich zu. Eine Anzahl hübscher und schöngekleideter junger Frauen saß auf Kissen um einen runden Tisch, eifrig damit beschäftigt, aus Mangoldblättern Sarma zu bereiten. Die Blätter wurden mit einer Masse aus Reis und feinen Kräutern gefüllt, in kleine Stücke geschnitten und dann in einen Topf gelegt. Die Frauen trugen Kettchen aus bunten Glasperlen an den Handgelenken, die klingelten und glitzerten, wenn sich die Sonne darin fing. Ich stand da und starrte sie wie verzaubert an. Eine der Frauen hob den Kopf und schenkte mir ein vergnügtes Lächeln.

»Das ist Sarma nach Aleppo-Art«, sagte sie, und alle nickten zustimmend. »Wir bereiten ein Fest zum Empfang der neuen Braut vor.«

»Wann denn?« fragte ich, weil ich nicht wußte, was ich sonst hätte sagen sollen.

»Morgen«, erklärte die Hanim, und dann, zu den anderen gewandt: »Das ist Veron, unsere kleine Nachbarin, die jeden Tag für uns das Wasser holt.«

»Darf ich die Braut auch sehen?« fragte ich.

Wieder lächelten sie und rührten sich alle Hände, daß die Glasketten klirrten und in der Sonne blitzten. »Natürlich, Veron«, sagte die Hanim, »du mußt unbedingt kommen, um die Braut zu sehen. Eines Tages wirst du dann selbst eine schöne Braut sein.«

»Dürfen meine Tanten auch kommen?«

»Aber ja! Bring sie nur mit. Eine gute Gelegenheit, uns miteinander bekannt zu machen.«

Ich lief aufgeregt heim, um meinen Tanten die freudige Nachricht zu überbringen. Aber sie sagten, es ginge nicht, weil sie nicht formell eingeladen worden seien und außerdem keine passenden Kleider hätten. Auch würden sie sich bestimmt unbehaglich fühlen, weil ja doch alle wußten, daß sie Flüchtlinge seien.

»Aber ich bin auch ein Flüchtling«, beharrte ich eindringlich. Ich wünschte mir so sehr, daß meine Tanten mitkommen würden. »Es wird ein wunderschönes Fest, und es gibt Sarma nach Aleppo-Art.«

»Was ist das?« fragten sie neugierig, und ich erklärte ihnen, wie Sarma nach Aleppo-Art zubereitet wurde.
Am nächsten Tag kam Narkes zu uns herüber. Sie hatte gehört, daß wir eingeladen worden waren, und mit vereinten Kräften gelang es uns, meine Tanten zu überreden. Wir kamen keinen Augenblick zu früh. Schon kündigten laute Rufe die Ankunft der Braut an. Wir beschleunigten unsere Schritte, und plötzlich huschte die Braut an uns vorbei, so schnell, daß ich nur ihren roten Schleier und das lange, schön bestickte Brautkleid sehen konnte. Die Anwesenden stimmten im monotonen Singsang ein Gebet an. »Maschallah, maschallah...« Es war das Gebet an Allah, die Braut möge immerdar schön bleiben, und als das letzte Wort noch kaum verklungen war, hoben sie alle die Hand zum Mund und ließen ein dröhnendes Tremolo folgen.
Das Ganze war noch viel aufregender, als ich es mir vorgestellt hatte. Alles setzte sich an runde Tische, und dann wurden die herrlichsten Dinge aufgetragen: Lamm und Pilav, Sarma, Köfte, ein würziges Gericht aus Hackfleisch, und Bohnen – und als Nachspeise Baklava. Ich war so glücklich, daß meine Tanten mitgekommen waren. Ich schaute ihnen zu, wie es ihnen schmeckte und wie vergnügt sie waren. Und schließlich gingen wir mit warmen, vollen Bäuchen heim.

Narkes war so etwas wie eine ältere Schwester für mich geworden. Jedesmal, wenn ich ihr die Wasserkrüge ablieferte, nahm sie mich mit in ihr Zimmer und bot mir etwas zu essen an, bevor sie mir das Brot mit dem Überraschungsinhalt gab. Manchmal, wenn der Hodscha und seine Frau ausgegangen waren, durfte ich sie in die Küche begleiten, wo sie mir immer irgend etwas Besonderes zusteckte. Und ab und zu huschten wir ins Wohnzimmer hinauf, wo eine Kiste mit Süßigkeiten stand. »Nun, Veron, was möchtest du heute kosten?« fragte Narkes, nachdem sie den Deckel aufgemacht hatte. Da gab es kandierte Früchte, gedörrte Granatäpfel, außen golden, innen voll winziger Kerne, die lustig zwischen den Zähnen knirschten, getrocknete Kichererbsen, Rosinen und Helva. Es war schrecklich aufregend, besonders weil ich wußte, daß es Narkes nicht erlaubt war, unaufgefordert etwas aus dieser Kiste zu nehmen.

Die Tage schleppten sich nicht mehr trostlos dahin. Ich konnte fast spüren, wie ich älter und kräftiger wurde. Eine meiner Tanten sagte, wir seien jetzt ein volles Jahr in Birecik. Und dann war wieder Sommer – heiß, trocken und staubig. Eines Morgens überraschte mich Narkes mit der Frage, ob ich mit der Familie des Hodscha in deren Sommerhaus mitkommen wolle. Sie sagte, es sei nicht sehr weit von hier und ich könnte jederzeit wieder weg, falls ich es mir anders überlegte. Ich antwortete, ich müsse meine Tanten fragen.

»Wenn du mitkommst, Veron, brauchst du kein Wasser mehr zu schleppen. Wir können zusammen im Garten arbeiten und reden und singen, und es wird viele gute Sachen zu essen geben.«

Die Verlockung war groß, aber ich konnte nicht entscheiden, ob es richtig war mitzukommen. Ich fragte meine Tanten, und sie freuten sich für mich. Also dachte ich, es wäre vielleicht doch richtig, und stimmte zu.

Die Familie holte mich mit dem Pferdewagen ab. Wir brachen in der Früh auf und kamen am Nachmittag bei ihrem Sommerhaus an. Aus irgendeinem Grund paßte ich sehr genau auf den Weg auf. Wir bogen nur einmal ab, und zwar gleich hinter der Brücke, die über einen kleinen, lebhaften Fluß führte.

Zuerst war es sehr spannend und aufregend, irgendwo anders zu sein. Aber nach ein paar Tagen fing es an, mir ein wenig langweilig zu werden. Und dann überkam mich Rastlosigkeit. Ich begann mir Sorgen um meine Tanten zu machen. Plötzlich fiel mir ein, daß sie jetzt, wo ich weg war, viel weniger zu essen hatten. Mit einemmal bekam ich schreckliche Angst. Was, wenn sie bei meiner Rückkehr nicht mehr da waren? Dann wäre ich ganz allein und verlassen. Was sollte ich dann anfangen?

Ich war im Garten und schichtete Steine auf, als diese Gedanken auftauchten. Narkes war zur Quelle gegangen, um Wasser zu holen. Ich brauchte nicht länger als eine Minute, um meinen Entschluß zu fassen. Ich nahm mir nicht einmal die Zeit, meine Sachen aus dem Haus zu holen. Meine Füße trugen mich, so schnell sie nur konnten, die Straße hinunter, und meine einzige Sorge war, daß Narkes mich sehen und zurückrufen könnte.

Als ich zum Fluß kam, war ich schon sehr durstig. Das Wasser war kühl und erfrischend, und als ich meinen Durst gestillt hatte, bemerkte ich, daß ich unter einem Aprikosenbaum saß. Ich streckte die Hand aus und aß, bis ich nicht mehr konnte, und dann stopfte ich mir noch so viele Aprikosen ins Kleid, als ich tragen konnte, um sie meinen Tanten mitzubringen.

Obwohl ich es kaum für möglich gehalten hatte, gelang es mir, noch vor Einbruch der Dunkelheit Birecik zu erreichen. Meine Tanten waren sehr überrascht und froh, mich wiederzusehen. Außerdem hatten sie eine fast unglaubliche Nachricht für mich. An demselben Morgen hatten sie einen Brief von Varjabed erhalten, der jetzt in Aleppo wohnte. Er schrieb, er habe Verbindung mit meinen Verwandten aus Afyon aufgenommen, die die Massaker überlebt hatten und nun in Aleppo darauf warteten, nach Hause zurückzukehren. Er meinte, meine Tanten könnten in Aleppo Arbeit finden, und meine Verwandten würden mich einstweilen bei sich aufnehmen, bis wir schließlich alle heimwärts fahren und sie mich meiner Großmutter übergeben könnten.

Varjabed hatte sogar das Geld für unsere Fahrkarten mitgeschickt.

Ein ums andere Mal versicherten wir uns gegenseitig, daß dies gewiß ein neuer Anfang sei und daß wir alle eines Tages nach Hause zurückkehren würden. Es gab mir einen Stich, als mir einfiel, daß meine Tanten eigentlich kein Zuhause mehr hatten, wohin sie zurückkehren konnten. Trotzdem schienen auch sie glücklich zu sein. Sicher hatten sie irgendwo Verwandte, sagte ich mir, und würden ebenfalls ein neues Leben beginnen können. Als sie mich in Aleppo meinen Verwandten übergaben, ahnte ich nicht, daß ich sie nie mehr wiedersehen würde.

12

1917

Meine Verwandten aus Afyon, die ich früher nicht gekannt hatte, waren der Vetter meines Großvaters, Karnig Dumehjian, und dessen Frau Derouhi. Sie hatten zwei Töchter, die eine, Surpouhie, war frisch verheiratet, die andere hieß Sonja und war in meinem Alter. Mein Großonkel Karnig und sein Schwiegersohn Sarkis hatten in Aleppo ein Kaffeehaus eröffnet, von dessen Ertrag die Familie für die Dauer ihres Aufenthaltes in Aleppo lebte. Ebenso wie meine Familie waren auch sie während der Massaker deportiert worden, doch waren sie einige Tage früher als wir aufgebrochen, und es war ihnen gelungen, dem Transport nach Gatma zu entkommen und nach Aleppo zu flüchten, so daß ihnen das Schlimmste erspart geblieben war. Sie hatten auf dem Marsch einen Sohn verloren, und nicht nur einmal hörte ich sie sagen, wenn sie nicht den Tod ihres Jungen zu beklagen gehabt hätten, wäre die Deportation nicht viel anders als ein Ferienausflug für sie gewesen. Wahrscheinlich wollten sie damit nur sagen, um wieviel größer das Leid der anderen gewesen sei. Aber sooft diese Worte fielen, spürte ich, wie sie eine tiefe Wunde in mir aufrissen, und ich verstand nicht, daß meine Verwandten so unempfindlich gegen meine Gefühle sein konnten. Ich hatte meine ganze Familie verloren und hatte niemanden mehr, während sie noch eine fast vollzählige Familie waren und es ihnen an nichts fehlte. In gewisser Hinsicht verdankte ich ihnen meine Rettung, und das würde ich ihnen nie vergessen. Aber gleichzeitig nahm ich ihnen ihr Verhalten übel und beneidete sie – besonders ihre Tochter Sonja. Meistens war ich jedoch frei von diesen Gefühlen. Zum ersten Mal seit Jahren hatte ich genug zu essen und lebte wieder in einer sauberen und gesunden Atmosphäre.

Eine völlig neue Welt tat sich in Aleppo vor mir auf. Die breiten Straßen, die hübschen weißen Häuser, die melodiösen Stimmen, die sich auf den nächtlichen Balkonen im weichen Singsang vereinten, und das Geklapper und Geratter der Pferdewagen auf dem Kopfsteinpflaster glichen eher einem schönen Bild vom Leben als dem Leben selbst. Die Bewohner Aleppos sahen nicht viel anders aus als wir und hatten mit den unzivilisierten Arabern, denen wir in der Wüste begegnet waren, nichts gemein. Es war eine fröhliche Stadt, und die Frauen mit ihren goldenen Arm- und Stirnreifen und den hohen Knöpfelschuhen, die klick-klack über die gepflasterten Straßen trippelten, erschienen mir sehr schön.

Eine meiner Aufgaben war es, meinen Onkeln, wie ich sie nannte, das Mittagessen ins Kaffeehaus zu bringen. Beim ersten Mal begleitete mich jemand, um mir den Weg zu zeigen, von da an ging ich allein. Ich lernte sehr schnell. Ich brauchte zum Beispiel ein Lied nur einmal zu hören, und schon kannte ich den Text auswendig und konnte die Melodie nachsingen. Ich liebte Musik, und Aleppo war voll Gesang.

An den Sonntagen mieteten wir einen Einspänner, und darin trabten wir den Bob-il-Faraj-Boulevard entlang bis zu den Palastgärten hinunter. Das war jedesmal ein aufregendes Abenteuer für mich. Trotzdem konnte ich mich nicht nach Herzenslust freuen, weil ich mich unter meinen Verwandten fremd fühlte.

Im Herbst hatte die Schule wieder begonnen, aber niemand fragte mich, ob ich Lust hätte, zur Schule zu gehen.

Sonja bekam ein neues Kleid, einen Schreibblock und alle möglichen anderen Sachen für die Schule. Ich hatte Sonja schon vorher nicht gemocht, doch jetzt fing ich an, sie zu hassen. Sie war verwöhnt und verzogen, und in Gedanken sagte ich mir, sie ist ein dicker fetter Zwerg, und du bist nichts als ein spindeldürres kleines Waisenkind. Ich wäre so gern in die Schule gegangen und sehnte mich danach, Neues zu lernen. Ich wollte nicht im Rückstand sein, wenn ich später dann nach Azizya zurückkehrte. Und ich dachte voll Groll, warum lassen sie mich nicht in die Schule gehen? Sie können es sich leisten, und außerdem gehöre ich auch zur Familie. Aber ich konnte mit ihnen nicht darüber reden, weil ich fühlte, daß sie sich überhaupt nicht für mich interessierten.
Eines Tages richtete ich in der Waschküche, die wir mit anderen Familien aus Afyon teilten, wie üblich das Waschwasser her. Zum Wäschewaschen selbst war ich noch zu klein, aber ich streute ein Pulver ins Wasser, um es weich zu machen, später hängte ich die saubere und nasse Wäsche auf die Leine, und wenn sie trocken war, nahm ich sie ab. An jenem Tag kam unsere Nachbarin Frau Markarian zu mir in die Waschküche, und nachdem wir uns guten Tag gesagt hatten, schaute sie mir ein Weilchen schweigend zu. Dann sagte sie: »Ach, mein Kleines – sie lassen dich wie eine Dienstmagd für sich arbeiten.«
Ich hatte gehört, daß Frau Markarian während der Massaker ihre Eltern und zwei ihrer Kinder verloren hatte. Wir sprachen selten miteinander, aber sie hatte immer ein warmes Lächeln für mich, und etwas in ihrer Stimme sagte mir, daß ich ihr vertrauen konnte. Sie mußte mir meinen Kummer angesehen haben, denn sie setzte hinzu: »Du weißt ja, daß mein Mann die Waisenkinder einsammelt, um sie in das Waisenhaus von Reverend Aharon zu schicken. Möchtest du dorthin?«
»Kann ich dort etwas lernen?«
»Natürlich. Genauso wie in der Schule. Neben den allgemeinen Fächern werden dort Armenisch, Französisch und

Englisch unterrichtet. Und du wirst dort neue Lieder lernen und mit Kindern deines Alters zusammen sein, die in der gleichen Lage sind wie du. Aber du würdest dort weniger zu essen bekommen und auch nicht den Komfort haben, den du hier hast.«

»Da möchte ich hin! Wenn ich nur zur Schule gehen kann. Alles andere ist mir nicht so wichtig.«

»Gut so!« sagte sie lächelnd. »Komm heute abend zu uns herüber und sprich mit meinem Mann. Er wird alles für dich in die Wege leiten.«

Nach dem Abendessen ging ich durch unseren gemeinsamen Hof zu ihrer Wohnung hinüber und klopfte an die Tür. Herr Markarian öffnete. Er war ebenso warmherzig und freundlich wie seine Frau, und ich mochte ihn sofort. Er sagte, von seiner Seite wäre schon alles erledigt. Ich solle meine Sachen packen und mich mit meinen Verwandten aussprechen. In der Früh würde er kommen und mich abholen.

Meine Verwandten waren sehr betroffen, als ich ihnen meinen Entschluß, ins Waisenhaus zu gehen, mitteilte. »Bist du denn nicht glücklich hier?« fragten sie.

»Doch, aber ich möchte Armenisch lesen und schreiben lernen.«

»Wir werden dich zu deiner Großmutter bringen. Dann kannst du in Azizya zur Schule gehen.«

»Ja, aber bis dahin möchte ich ins Waisenhaus, um mit dem Unterricht anzufangen.«

»Unsere Freunde werden sagen, wir wären nicht gut zu dir gewesen, und deshalb hättest du uns verlassen.«

Ich sah, daß dies ihre größte Sorge war – das Gerede der Leute. »Aber nein, ich war gern bei euch«, log ich. »Ich werde kommen und euch besuchen, sooft ich kann.«

Ich war fix und fertig, als Herr Markarian in der Früh kam, um mich abzuholen. Ich hatte meine paar Sachen zu einem ordentlichen Bündel zusammengepackt, da er gesagt hatte, es sei ein ziemlich weiter Weg.

Ich hatte Angst und war aufgeregt und glücklich. Ich wußte, jetzt hatte ich mein Leben selbst in die Hand genommen, und ich würde dafür auch etwas empfangen. Während wir die Straße entlanggingen, fühlte ich mich eins mit all den Menschen, denen wir begegneten: mit der Frau, die dort in dem Fenster im zweiten Stock oben ihren Teppich ausschüttelte; dem Teemann, der mir zulächelte, als wir an ihm vorbeikamen; dem Kutscher auf dem Bock und seinen Fahrgästen; den bloßfüßigen Jungen, die nicht viel älter waren als ich, in ihren knöchellangen, schmutziggrauen Baumwollkitteln und mit einem langen dünnen Stab in der Hand, auf dem sie ihre Frühstückssemmel aufgespießt hatten; den Bettlern; den Schuhputzern; den Briefschreibern – sie alle waren damit beschäftigt, weiterzukommen im Leben, genau wie ich.
Wir bogen um die Ecke und sahen einen Araber mit sanftem, lächelndem Gesicht auf uns zukommen. Er trug ebenfalls einen Kittel, der ihm bis zu den Knöcheln reichte, und balancierte ein Brett auf dem Kopf, das dicht mit roten kandierten Äpfeln am Stiel besteckt war. Dazu hatte er einen dreibeinigen Ständer unter den rechten Arm geklemmt. Ich starrte den Mann so gebannt an, daß ich stolperte. Zum Glück hielt mich Herr Markarian an der Hand, und als er sah, was meine Aufmerksamkeit gefangengenommen hatte, rief er den Händler an. Der nahm mühelos mit einer Hand das Tablett vom Kopf und legte es auf den Ständer, den er mit der anderen Hand aufgeklappt und zu Boden gestellt hatte.
»Nimm dir den schönsten Apfel, Veron«, sagte Herr Markarian. »Wenn du später an unseren Weg ins Waisenhaus zurückdenkst, wird die Erinnerung daran immer mit einer freundlichen Vorstellung verknüpft sein.«
Ich hatte noch nie so etwas Köstliches gegessen. In völliger Selbstvergessenheit leckte ich noch immer an dem Stiel, als ich Herrn Markarian sagen hörte: »So, da sind wir. Das ist das Waisenhaus von Reverend Aharon.«
Ein junges Mädchen mit einem Schreibblock und einem

Buch unter dem Arm schlüpfte vor uns zur Tür hinein. Bald mache ich es genauso wie sie! dachte ich. Mein Wunsch geht in Erfüllung. Und ich spürte, wie es vor Glück und Aufregung in meinen Armen zuckte.

Wir gingen geradewegs ins Büro, wo ein älterer Mann und eine junge Frau an zwei Schreibtischen saßen. Herr Markarian begrüßte den Mann, der, wie sich herausstellte, Reverend Aharon war, wie einen guten Freund und sagte dann, indem er mir zunickte: »Hier bringe ich Ihnen ein neues Waisenkind.«

»Wir freuen uns, dich bei uns aufzunehmen«, sagte Reverend Aharon, während er den Arm um meine Schulter legte.

»Sie will zur Schule gehen«, erklärte Herr Markarian. »Sie möchte Ihre Schule hier besuchen, um die Sprache ihres Volkes zu lernen.«

»Sehr gut!« Reverend Aharon schaute lächelnd auf mich herunter. Es war ein Lächeln des Willkommens und des Mitleids. Ich sah, daß er sehr müde und alt war. »Wie heißt du, und wie alt bist du?«

»Veron Dumehjian. Nächsten Monat werde ich zehn.«

»Ich werde dich in die Mittelstufe einweisen«, meinte er. »Dort wirst du mit Mädchen deines Alters zusammen sein.« Er unterbrach seine Erklärung und wandte sich an die Frau an dem gegenüberliegenden Schreibtisch. »Bitte holen Sie eines von den älteren Mädchen her.« Dann fuhr er fort: »Für die Oberstufe, die hier in diesem Gebäude untergebracht ist, bist du noch zu jung, und für die Unterstufe, die Vorschule, schon zu alt. Hier haben die Mädchen auch schon alle möglichen anderen Aufgaben zu erfüllen. In der mittleren Gruppe brauchst du nur zur Schule zu gehen und hast vorläufig keine weiteren Pflichten.«

Das Mädchen, nach dem geschickt worden war, kam, und ich bedankte mich bei allen und verabschiedete mich. Sie führte mich zu einem Gebäude, das ein Stück hinter dem Hauptgebäude auf einem Hügel lag. Als erstes wurde ich gleich der Maireig, der Hausmutter, vorgestellt, einer dicken, warmherzigen Frau, die mich mit offener Freundlichkeit willkommen hieß. Sie gab mir sofort das Gefühl, hier zu Hause zu sein. Es mußte soeben Pause oder Unterrichtsschluß sein, denn in den Gängen ging es laut und munter zu, die Mädchen liefen unbefangen im Haus ein und aus. Sie machten durchwegs einen frohen und glücklichen Eindruck auf mich. Ich spürte, daß ich an einen Ort gekommen war, wo ich ebenfalls glücklich sein würde – und wo ich hingehörte. Ich hatte so lange keine gleichaltrigen Freundinnen und Spielgefährten mehr gehabt, und ich lächelte alle, die mir begegneten, strahlend an. Ich hoffte, daß sie mich gern haben würden, wie ich sie schon jetzt gern hatte. Es schien fast zu schön, um wahr zu sein. Diese Mädchen hatten, was ich mir wünschte: Schule, einander, eine Hausmutter und einen Platz im Leben, der ihnen zustand. Und ich war nun wirklich und wahrhaftig hier, um das alles mit ihnen zu teilen

Die Hausmutter führte mich die Treppe hinauf und in einen Schlafsaal mit einer Reihe von Matratzen auf beiden Längsseiten des Raumes. Vor einem der Betten blieb sie stehen.

»Das hier ist deines«, sagte sie. »Und das ist dein Spind, in dem du deine Sachen verwahren kannst. Deine Schmutzwäsche bringst du dann in die Waschküche. Und jetzt lauf – geh hinunter und spiele mit den anderen Kindern. Wenn die Glocke läutet, ist Essenszeit, dann folgst du ihnen in den Speisesaal.«

Nach dem Mittagessen zeigte mir Sosi, eins der Mädchen, mit denen ich draußen Murmeln gespielt hatte, wo ich mir meine Schuluniform holen mußte. Diese bestand aus einem einfachen blauen Kleid, einem blauen Umhang, der am Hals und an den Taschen rot eingefaßt war, schwarzen Halbschuhen und schwarzen Socken. Außerdem bekam ich einen Schreibblock, einen Bleistift und eine armenische Grammatik.

»Kann ich jetzt schon in die Schule gehen?« fragte ich Sosi, als ich im Schlafsaal meine Uniform angezogen hatte.

»Natürlich. Nach der Pause haben wir Fremdsprachenunterricht, entweder Französisch oder Englisch. Dann Geographie und Arithmetik. Und dann wieder Pause. Anschließend haben wir Astronomie und danach Singstunde.«

»Wann haben wir Armenischunterricht?«

»Morgens, nach dem Frühstück. Grammatik, Rechtschreiben, Geschichte, Literatur – der ganze Vormittag ist mit Armenisch ausgefüllt. Da, die Glocke! Gehen wir!«

Sosi wurde meine beste Freundin neben Nevart, Vergine, Arpi und Siran. Wir steckten ständig zusammen. Am Abend zeigte mir Sosi die nötigen Handgriffe beim Bettenmachen. »In der Früh haben wir nur fünfzehn Minuten Zeit zum Waschen, Anziehen, Kämmen und Bettenmachen, also besser, du lernst es jetzt, wo uns niemand drängt.«

Als ich dann endlich im Bett lag und das Licht im Schlafsaal gelöscht war, fühlte ich mich so glücklich wie schon lange nicht mehr.

Zum Frühstück gab es eine Scheibe Brot, zwei Oliven und Tee.

»Manchmal bekommen wir statt des Tees heißen Kakao«, sagte Siran, die mir am Tisch gegenübersaß. »Es kommt darauf an.«

»Und Käse«, fügte Nevart hinzu. »Hin und wieder gibt es auch etwas Käse zum Frühstück.«

»Ich erinnere mich nicht, daß ich schon jemals Kakao getrunken habe«, sagte ich. »Ist er gut?«

»O ja, sehr gut!« schwärmte Sosi. »Zum Mittagessen gibt es Suppe, Veron – meistens Linsen- oder Bohnensuppe –, und eine Scheibe Brot.«

Ich sah, welch große Bedeutung für uns alle – für die anderen genauso wie für mich – das Essen hatte. Trotzdem hielten wir uns nicht noch länger bei diesem Thema auf. Nevart, die besonders gern sang, summte ein armenisches Lied, das ich noch nie gehört hatte. Anscheinend versuchte sie es sich einzuprägen.

»Hat dir schon jemand gesagt, daß wir jeden Sonntag im Sabon Khan singen, Veron?« fragte sie.
»Nein, aber jetzt hast du es mir gesagt. Wo ist das?«
»In der Stadt. Das ist das Waisenhaus für Jungen. Wir singen dort vor den englischen und amerikanischen Offizieren, die unsere Waisenhäuser unterhalten.«
Die Glocke läutete, und wir eilten ins Klassenzimmer. Endlich fing ich mit dem Armenischunterricht an. Zuerst wußte ich weniger als alle anderen in der Klasse. Aber ich lernte schnell, und nach wenigen Monaten war ich eine der besten Schülerinnen. Wir hatten eine sehr milde und geduldige Lehrerin. Sie meinte, ich lerne deshalb so gut, weil ich neben meiner raschen Auffassungsgabe auch noch den starken Wunsch habe, mich weiterzubilden.
Mir gefiel die Ordnung und Disziplin, die im Waisenhaus herrschte. Es war einfach selbstverständlich, daß die Betten ordentlich gemacht, das Haar ordentlich gekämmt und geflochten und unsere Uniformen sauber und ordentlich gebügelt zu sein hatten. Das behagte mir. Es gab mir das Gefühl, daß sich jemand um mich kümmerte, und machte mein Leben sinnvoll. Es bedeutete, daß ich wieder ein Zuhause und Freunde hatte und nicht länger von einem Ort zum nächsten ziehen mußte.
Wir gingen abends um sieben Uhr zu Bett und standen morgens um sechs Uhr auf. Nach dem Abendessen las uns die Hausmutter aus der Bibel vor. Das bedeutete mir sehr viel, denn es erinnerte mich an die Winterabende bei Großmama, wo Onkel Apel nach dem Abendessen immer aus der Bibel vorgelesen hatte. Ich liebte Gott und erkannte in ihm meinen Führer und Beschützer. Ich betete jeden Abend vor dem Einschlafen zu Ihm und dankte Ihm für die Segnungen des Tages.
In der Pause nach dem Armenischunterricht spielten wir Himmel und Hölle oder Murmeln oder Drittabschlagen. Oder wir hockten uns einfach in Gruppen zusammen, redeten und lachten und tratschten. Die Verschiedenheit von uns allen faszinierte mich. Jeder war anders, nicht nur

in seinem Äußeren, sondern ebenso in seinem Wesen und Charakter.
Der Sonntagmorgen hatte ähnlich wie die Bibellesungen besondere Bedeutung für mich. Da gingen wir, wie schon gesagt, ins Sabon Khan, das Waisenhaus für Jungen, und sangen dort für die »Englischen«, wie wir sie nannten. Hauptsächlich religiöse armenische Lieder, und das weckte wehmütige Erinnerungen an unsere Kirche in Azizya in mir. Aus einer Reihe von Gründen gingen wir alle riesig gern ins Sabon Khan. Vor allem anderen war es der Weg in die Stadt, der immer wieder interessant und aufregend war, weil es dort soviel Neues für uns zu sehen gab. Hinterher hatten wir dann jedesmal endlosen Gesprächsstoff, der für den ganzen Tag oder noch länger reichte.
Wenn wir das Sabon Khan betraten, saßen die »Englischen« schon in der Halle an einem langen Tisch. Wir marschierten in geschlossener Reihe durch die Eingangstür hinein und stellten uns auf der einen Seite der Halle, mit dem Gesicht zur Mitte, auf. Und dann marschierten durch eine andere Tür die Jungen herein und stellten sich gegenüber, mit dem Gesicht nach rechts, auf. Das war die einzige Gelegenheit, wo wir die armenischen Jungen zu sehen bekamen. Obwohl wir jeden Sonntag zusammen sangen, durften wir uns hinterher nicht mit ihnen treffen und unterhalten.
Sobald wir die Halle betraten, verstummte unser Gekicher und Gegacker, und wir legten uns mit aller Kraft ins Zeug, um unseren Wohltätern durch unseren Gesang unsere Dankbarkeit zu bezeigen, daß sie uns ein Heim geschenkt hatten und eine Schule, wo wir etwas lernen konnten.
Die Sonntagnachmittage waren oft recht traurig für mich. Einige Mädchen bekamen Besuch, aber die meisten gingen in die Flüchtlingslager der Stadt, um dort ihre Familienangehörigen zu besuchen. Tatsächlich waren nicht alle Zöglinge des Waisenhauses Vollwaisen wie ich. Viele befanden sich nur vorübergehend hier, um eine sorgfältige Erziehung zu erhalten und weiter zur Schule gehen zu können.

Ab und zu schloß ich mich den anderen an und ging ebenfalls in die Stadt, um meine Verwandten zu besuchen. Einmal, um mir das Gefühl zu geben, daß auch ich eine Familie hatte. Zum anderen, weil ich hoffte, daß sie mich eines Tages heim zu meiner Großmutter bringen würden. Sie selbst besuchten mich nie. Kein einziges Mal. Am Anfang tat mir das sehr weh. Aber dann dachte ich mir, na gut, ich weiß über euch Bescheid, ihr habt mir eure Lieblosigkeit schon bewiesen, als ihr mich nicht mit eurer Tochter in die Schule geschickt habt. Warum also sollte ich mir jetzt noch etwas aus euch machen. Ich tue nur, was nötig ist, um den Schein von Liebe und Dankbarkeit aufrechtzuerhalten, damit ihr mich nicht vergeßt, wenn ihr nach Hause zurückkehrt.

Meistens blieb ich jedoch im Waisenhaus und vertrieb mir die Zeit mit den Mädchen, die einsam waren wie ich. Wir warteten und freuten uns darauf, daß die anderen zurückkamen, weil sie immer etwas zu erzählen hatten und verschiedene Leckerbissen, Rosinen, Kichererbsen oder Türkischen Honig, mitbrachten, die sie mit uns teilten.

Einmal wöchentlich gingen wir ins türkische Bad. Da wir insgesamt so viele waren, konnte die Hausmutter jeden Tag nur eine kleine Gruppe ins Bad führen. Unser Tag war Dienstag, und es war jedesmal ein kleines Fest, weil ich mit allen meinen unzertrennlichen Freundinnen zusammen war: mit Sosi, Nevart, Vergine, Arpi und Siran. Wir waren alt genug, um allein zu baden, und wurden nicht gemartert wie damals in Azizya, wo wir von unseren Müttern gnadenlos geschrubbt wurden. Nichtsdestoweniger achtete die Hausmutter sorgfältig darauf, daß wir auch alle vor Sauberkeit glänzten, wenn wir uns schließlich wieder auf den Heimweg machten.

Im Bad beobachteten wir verstohlen die reichen und hochmütigen Araberinnen, die, immer ganz in Weiß und mit goldenen Arm- und Stirnreifen geschmückt, samt ihrem Gefolge einzogen. Sie bewegten sich langsam und bedächtig, so als hätten sie alle Zeit der Welt. Auf dem

Heimweg ahmten wir ihren Gang und ihre Gebärden nach. Hin und wieder sahen wir eine, die von geradezu zauberischer Anmut war, und obwohl wir uns über sie lustig machten, bewunderten wir sie doch insgeheim. Um so mehr, als wir wußten, daß es armenischen Frauen nicht erlaubt war, sich so lässigen, sinnlichen Freuden hinzugeben.

13

1917–1919

Wir sprachen nie über die Massaker. Es war, als hätten wir die Leiden der Vergangenheit vergessen. Daß dies nicht der Fall war, zeigte sich um so deutlicher in unserem Verhalten. Statt in Trübsinn zu verfallen, versuchten wir fröhlich zu sein. Statt über das Böse im Menschen nachzudenken, stärkten wir unseren Glauben an das Gute. Unsere gegenseitige Sorge erstreckte sich nicht nur auf den unmittelbaren Freundeskreis, wir kümmerten uns auch so viel wie möglich um die Kleinen im Kindergarten. Oft gingen wir in unserer Freizeit gruppenweise in den Schulhof hinüber, der ihnen als Spielplatz diente, und spielten mit ihnen. Nicht selten aber ging ich allein. Ohne es mir klarzumachen, vermißte ich wohl meine Geschwister. Die kleinen Mädchen wirkten so traurig und verloren auf mich und taten mir leid.

Das Waisenhaus bekam ständig Zuwachs.

Die meisten der älteren Mädchen, die im Hauptgebäude untergebracht waren, hatte man aus arabischen Häusern weggeholt oder waren aus eigener Kraft geflüchtet. Im Zuge der Deportationen hatten die Araber zahlreiche Mädchen gewaltsam entführt, meist um sie zu verschachern. In manchen Fällen hatten die Mütter selbst, in der verzweifelten Erkenntnis, ihre Kinder nicht mehr ernähren zu können, diese freiwillig den Arabern überlassen. Die Mädchen wurden in einen Harem gesteckt oder als Dienstmägde gehalten, und gelegentlich fand eines sogar einen Bräutigam und wurde Braut. Einigen war also die Flucht ins Waisenhaus geglückt, die überwiegende Mehrzahl verdankte ihre Rettung jedoch den Briten, die gezielt die arabischen Dörfer durchkämmten und die armenischen Mädchen ihren unrechtmäßigen Besitzern entrissen. All diese Mädchen wiesen auf Kinn, Wange oder Stirn Tätowierungen auf. Sooft ein neues Mädchen bei uns auftauchte, das kleine blaue Male im Gesicht trug, wußten wir, daß es aus arabischer Gefangenschaft befreit worden war. Natürlich bewahrten wir strenges Stillschweigen darüber, weil diese Mädchen zutiefst gedemütigt und unglücklich waren. In einzelnen Fällen verhielt es sich auch umgekehrt. Ich erinnere mich an zwei dieser älteren Mädchen, die über ihre Befreiung gar nicht froh waren, aus dem Waisenhaus wegliefen und zu ihrem Ehemann zurückkehrten.

Die Monate kamen und gingen. Die Tage waren ausgefüllt und verliefen im Gleichschritt unserer Pflichten, so daß uns kaum Zeit blieb, über die Zukunft nachzudenken. Trotzdem beschäftigte uns diese Frage unentwegt. Oft, wenn ich mit meinen Freundinnen zusammen war, malten wir uns aus, was wir tun würden, wenn der Krieg zu Ende war. Vor allem unterhielt ich mich mit Sosi und Nevart darüber. Sosi hatte ihre gesamte Familie verloren. Sie dachte mit zwiespältigen Gefühlen an das Kriegsende. Was würde mit ihr geschehen, wenn das Waisenhaus seine Pforten schloß?
Nevart war aus Adana. Sie hatte ihre nächsten Familienangehörigen verloren – ihr Vater war schon in den Massakern von 1909 ums Leben gekommen, die anderen hatten den langen Marsch nicht überlebt. Aber ihre Großeltern waren verschont geblieben. Kürzlich hatte sie einen Brief

von ihrer Großmutter erhalten, die hoffte, Nevart würde bald nach Hause kommen. Daraus schöpfte sie Hoffnung für die Zukunft.
Es war Herbst. Ich war jetzt elf Jahre alt. Alle meinten, der Krieg würde bald zu Ende sein. Aber wenn wir Reverend Aharon mit hoffnungsvollen Fragen bestürmten, sagte er stets: »Wir sind Armenier. Unsere Hoffnung kennt kein Warten, nur ein Wünschen. In diesem Leben gibt es keine Gewißheit. Vertraut auf Gott, nicht auf die Menschen.«
Eine Art Fieber hatte die Flüchtlingslager in der Stadt und unser Waisenhaus erfaßt. Wir alle hatten unser Flüchtlingsdasein satt. Wir ertrugen es nicht länger, so zusammengepfercht, in ständiger Angst und Unsicherheit zu leben. Egal, wie unsere Chancen stehen mochten, wir wollten ein neues Leben beginnen.
Die Briten bescherten uns am 6. Januar, dem Tag, an dem wir Armenier Weihnachten feiern, ein Fest. Aus diesem Anlaß kamen sie ins Waisenhaus, und wir sangen ihnen zu Ehren in Papierkostümen, die wir extra für diesen Zweck angefertigt hatten, im Speisesaal. Zuletzt sangen wir ›Stille Nacht, heilige Nacht‹. Es gefiel ihnen sehr, und Reverend Aharon war ungeheuer stolz. Er strahlte übers ganze Gesicht – vom Anfang bis zum Ende unserer Darbietung. Jeder von uns bekam einen Strumpf voll Obst, Nüssen und Zuckerwerk.
Es war einer unserer schönsten Tage im Waisenhaus.

Der Winter verging, und der Frühling zog ins Land. Immer und immer wieder hatten wir unsere Pläne durchgekaut. Trotzdem war es ein Schock, als der Krieg plötzlich aus war und unsere Träumereien im Begriff waren, Wirklichkeit zu werden. Es war ein Komitee gegründet worden, das die Namen derjenigen erfaßte, die nach England auswandern wollten. Sosi entschloß sich nach langem Hin und Her zu diesem Schritt und war erleichtert, als sie sich schließlich dazu durchgerungen hatte. Ich freute mich für sie und hoffte für sie. Gleichzeitig wußte ich, was ich selbst wollte: nach Azizya zurückkehren, zu meiner Großmutter, meiner Tante Lousapere und meiner Kusine Hrpsime, und in den schönen Garten meiner Kindheit, von dem ich all die Zeit geträumt hatte.

Eines Sonntags wurde nach mir geschickt; es sei Besuch für mich da. Ich versuchte meine Überraschung zu verbergen, da ich dachte, es könne sich nur um einen Irrtum handeln.
Als ich das Besuchszimmer betrat, sah ich mich meinen Verwandten gegenüber – dem ganzen Familienclan. Da saßen sie, abseits in einer Ecke, und es war ihnen deutlich anzumerken, wie unbehaglich und fehl am Platz sie sich fühlten. Ich wußte nicht, ob ich mich freuen und was ich überhaupt von diesem Besuch halten sollte.
Sie behaupteten, ich hätte ihnen die ganze Zeit schrecklich gefehlt, und versicherten immer wieder, wie froh sie seien, mich so gesund und wohl aussehend vorzufinden. Nun kommt schon endlich zur Sache, dachte ich, und gleichzeitig las ich in Sonjas Gesicht, daß sie im nächsten Moment damit herausplatzen würde.
»Rate, was los ist! Rate!« sprudelte sie hervor, außerstande, sich noch länger zurückzuhalten.
»Schsch«, machte ihre Mutter und zupfte dabei ihren Mann am Ärmel.
»Wir brechen am Dienstag nach Afyon auf, Veron«, sagte mein Onkel. »Mit dem Zug. Möchtest du heute schon mitkommen, oder sollen wir dich Dienstag früh hier abholen?«
Einen Moment lang wußte ich nicht, was ich antworten sollte. Meine Gedanken wirbelten dahin und dorthin. Dann plötzlich wußte ich es. »Heute!« rief ich, fast schrie ich es. »Ich hole schnell meine Sachen – es dauert nur eine Minute.«
Auf einmal hatte ich Angst, sie könnten ohne mich abreisen. Ich rannte die Treppe hinauf und wollte mich schleunigst umziehen – aber die Kleider, in denen ich

hergekommen war, paßten mir nicht mehr. Ich war verblüfft und ratlos. Als ich aufschaute, erhaschte ich den Blick der Hausmutter, die mich aus dem Augenwinkel beobachtete.
»Oh – Maireig!« rief ich und brach plötzlich in Tränen aus. Sie kam und nahm mich in die Arme. »Ich fahre heim, Maireig! Ich fahre heim!«
Sie schaute mich an und lächelte. »Du bist stets ein Lichtblick für mich gewesen, Veron. Ich hoffe, daß du in ein glückliches Zuhause zurückkehrst. Du wirst mir sehr fehlen.«
»Sie werden mir fehlen, Maireig. Ich werde Sie nie vergessen – nie, solange ich lebe.«
»Pack deine Sachen, und schau, daß du weiterkommst. Du kannst dein altes Kleid unten gegen ein größeres eintauschen.«
Meine sämtlichen Freundinnen erwarteten mich schon, als ich wieder hinunterkam. Alle redeten durcheinander. Und plötzlich fingen wir alle zu weinen an und konnten nicht mehr aufhören. Wir schworen uns ewige Freundschaft und versprachen, einander nie zu vergessen.
Mir war, als hätte ich soeben eine Familie gefunden und im selben Moment wieder verloren.

Und dann saßen wir im Zug und fuhren die ganze weite Strecke zurück, die wir einst auf unserem langen Marsch Schritt für Schritt hinter uns gebracht hatten. Jener Eisenbahnzug, den ich damals am ersten Tag gesehen hatte, fiel mir unvermittelt ein, und diese Erinnerung brachte den Schmerz zurück. Schnell schob ich ihn fort und malte mir statt dessen unseren Garten aus. Auf einmal sah ich Großmama vor mir, die lachte und meinen Namen rief...
»Mein Gott, wie du gewachsen bist, Veron. Komm her und laß dich anschaun. Weißt du was? Jetzt gehen wir in den Garten und pflücken uns eine Melone, und dann setzen wir uns unter unseren Lieblingsbaum... Bald wird Hrpsime von der Schule zurück sein. Schau, da kommt

Tantchen, sie hat sich so sehr nach dir gesehnt...« Ich laufe ihr entgegen, erkenne im Näherkommen ihr Gesicht, höre, wie sie mich ruft...

Aber nein, es war nur wieder Sonja, die sich an ihre Mutter schmiegte.

Ich erhob mich und verließ das Abteil... »Schau dir diese Berge an, Hrpsime, schau sie dir an... Wir gehen nur ein bißchen spazieren, Tantchen, wir sind gleich wieder zurück...«

Eine Stimme drang an mein Ohr. Meine Augen fixierten die Landschaft, und durch das Rattern des Zuges meinte ich, eine bekannte Stimme zu hören. Und wirklich, als ich mich umwandte, sah ich Nevart vor mir.

»Nevart, du?«

»Veron – o Veron, das ist zu schön, um wahr zu sein. Ich hab mir gedacht, möglich, daß du auch in diesem Zug bist... Ich bin ja so aufgeregt. Komm, gehn wir irgendwohin, wo wir reden können. Ich bin ja so froh, dich zu sehen...«

Wir suchten uns ein Abteil, wo wir nebeneinander sitzen konnten.

»Hast du Angst, Nevart?«

»Ich weiß nicht. Und du?«

»Ich weiß auch nicht...«

»Hast du Heimweh nach dem Waisenhaus?«

»Ein bißchen schon. Aber ich will heim – du nicht auch?«

»Ja, aber ich habe Angst. Du nicht?«

»Doch, aber... ach, Nevart, reden wir nicht davon. Ist es nicht ein Glück, daß wir uns gefunden haben? Es war mir so langweilig da drinnen bei meinen Verwandten.«

»Was sagst du, ich habe etwas Geld! Großmama hat mir meine Fahrkarte geschickt und ein wenig Geld beigelegt. Ich wollte gleich zu dir, aber niemand wußte, wo deine Verwandten wohnten. Vielleicht können wir uns ein paar Rosinen und Haselnüsse kaufen.«

»Dann sage ich lieber meinen Verwandten Bescheid, damit sie sich keine Sorgen machen.«

Das einzige, was es zu kaufen gab, war Zuckerrohr. Zuerst freute ich mich darüber, aber sobald ich daran schleckte, erinnerte ich mich, wie uns Papa zum ersten Mal Zuckerrohr mitgebracht hatte.
»Was ist, Veron?«
»Nichts. Ißt man in Adana eigentlich Zuckerrohr – ich meine, ist das bei euch üblich?«
»Ich glaube schon. Ich weiß nicht. Die Kinder sind heiß darauf.«
»Ich muß daran denken, was Großmama alles in ihrer Speisekammer hatte. Zuckerrohr gab es da aber nicht.«
»Horch – was ist da los? Was soll das Geschrei?«
»Adana! Wir kommen nach Adana!« rief jemand.
»Ach, Veron, ich bin ganz durcheinander. Glaubst du, meine Großmutter wird mich erkennen?«
»Natürlich wird sie dich erkennen.«
»Aber ich bin so dünn geworden ... Da, nimm das, damit kannst du dir am Bahnhof noch eine Stange Zuckerrohr kaufen.« Sie drückte mir einige Münzen in die Hand, sprang auf und rannte den Korridor entlang.
»Du bist daheim, Nevart!« rief ich ihr nach. »Jetzt wird alles wieder gut.« Sie drehte sich noch einmal um, die Tränen liefen ihr über die Wangen. Und dann war sie weg.

14

1919

»Deswegen wird diese Gegend Afyon genannt«, sagte der Schaffner, meinem Blick folgend, als er im Korridor an mir vorbeikam. Ich stand am Fenster und starrte wie gebannt auf die endlos sich dehnenden Mohnfelder hinaus.
»Sie sind in voller Blüte«, sagte ich geistesabwesend.

»Ja, es ist jetzt genau die richtige Zeit. Hast du noch nie unseren Mohn gesehen?«
Ich wandte den Kopf, um ihn anzuschauen, aber sein Gesicht verschwamm mir vor den Augen. Ich blinzelte. Es dauerte einen Moment, bis ich merkte, daß ich weinte.
»Was ist denn los, Kleine? Habe ich etwas Falsches gesagt?«
»Nein, es ist nichts«, stammelte ich. »Es geht gleich vorbei. Bitte – es tut mir leid. Sie können nichts dafür.«
Er trat einen oder zwei Schritte zurück, drehte sich dann schnell um und entfernte sich.
Wieder blickte ich durch das Fenster auf die endlosen Reihen von Mohnfeldern, Kilometer um Kilometer, in einander abwechselnden und sich wiederholenden Farben – Weiß, Gelb, Orange, Rosa, Hellrot, Purpurrot. Meine Gefühle wechselten einander ebenfalls ab, bis ich nicht mehr wußte, was ich fühlte. Langsam übten die wogenden Farben eine beruhigende Wirkung auf mich aus, und Frieden zog in mich ein.

Meine Verwandten waren reich, und ihr Haus in Afyon war weiträumig und bequem. Am Morgen nach unserer Ankunft sandten sie meiner Großmutter Nachricht. Sie konnte frühestens am nächsten Tag kommen, um mich abzuholen. Einerseits hätte ich mir gern Afyon angeschaut; aber um nur ja Großmama nicht zu verpassen, blieb ich lieber daheim. Ich war nervös und aufgeregt und hatte sogar etwas Angst. Die ganze Zeit hatte ich von nichts anderem geträumt, als nach Hause zurückzukehren. In meinen Träumen war die Zeit stehengeblieben. Die Wirklichkeit sah jedoch ganz anders aus. Alles schien mir fremd und verändert, und ich wußte nicht, was mich erwartete.
Ich war im Wohnzimmer, als es draußen am Eingangstor klopfte. Ich wußte, das war Großmama. Surpouhie ging, um zu öffnen. Ich hörte ihre Begrüßung und wie sie sich gegenseitig vorstellten. Mir war, als könnte ich mich nicht

von den Kissen erheben, auf denen ich saß. Quer durch das Zimmer starrte ich auf Großmama. Sie hatte sich verändert. Ich sah, daß ihr geflochtenes Haar mit Henna gefärbt war, Linien und Falten durchzogen ihr Gesicht, und ihre Augen waren sehr traurig. Als sie mir entgegenkam, gelang es mir, auf die Füße zu kommen, dann warf ich mich zitternd und schluchzend in ihre Arme. Ich mußte mich an ihr festklammern, um nicht zu Boden zu sinken.

»Mein Baby, mein kleines Baby«, sagte sie ein ums andere Mal. »Ich danke Gott, daß ich dich wiederhabe.«

Wir setzten uns auf die Kissen nieder, beide unfähig zu sprechen. Ich legte den Kopf in ihren Schoß, und sie streichelte mein Haar. »Du bist geschrumpft, bevor du gewachsen bist«, sagte sie nach langem Schweigen.

Ich fragte mich, ob ich denn für mein Alter zu klein war oder ob sonst irgend etwas an mir nicht stimmte. Dieser Gedanke war mir bisher nie in den Sinn gekommen.

»Von jetzt an wirst du genug zu essen haben.«

»Ich bin daheim, Großmama. Ich bin daheim!«

»Ja, mein Liebling, du bist daheim.«

Sie wußte schon alles, hatte es wohl von Varjabed erfahren, und ich war froh darüber. Denn ich selbst wollte nie, nie darüber reden.

Wir aßen mit unseren Verwandten zu Mittag, und dann fuhren wir in dem Wagen, der Großmama hergebracht hatte, nach Hause. Während die Landschaft an uns vorüberzog, die mir jetzt, nach der Bahnfahrt, so vertraut schien, ging ich in Gedanken die Dinge durch, die ich Großmama fragen wollte. Mir war bewußt, daß auch ihr das Leben viel Leid beschert hatte, darum nahm ich mir vor, gut aufzupassen, um nur ja nichts zu sagen, was sie traurig stimmen könnte. Sie mußte meine Gedanken erraten haben, und ich war erleichtert, daß sie den Anfang machte. »Veron, ich möchte für dich ein Madagh, ein Wiedersehensfest, veranstalten, wenn wir heimkommen.«

»In deinem Haus, Großmama? Wohnen alle jetzt dort?«

»Nein, wir haben unser altes Haus verloren. Wir wohnen jetzt in eurem Haus.«
»Tante Lousapere und Hrpsime und ...«
»Lousapere und Hrpsime sind nach Smyrna* gezogen.«
»Smyrna! Warum nach Smyrna? Das verstehe ich nicht.«
»Als dein Onkel Apraham starb, hatte Lousapere das Gefühl, es wäre kein Platz mehr für sie in unserer Familie. Also nahm sie, was ihr Apraham hinterlassen hatte, dazu ihre Nähmaschine und ihren Orientteppich, und ging nach Smyrna.«
»Hast du Nachricht von ihr?«
»O ja, und auch du mußt ihr so bald wie möglich schreiben.«
»Wie geht es Hrpsime?«
»Tante Lousapere hat sie in ein Waisenhaus gegeben, damit sie weiter zur Schule gehen kann. Lousapere verdient ihren Lebensunterhalt mit Nähen, aber die Einnahmen reichen nicht, um Hrpsime auf eine Privatschule zu schicken.«
Mir schien, daß die, die zu Hause geblieben waren, es genauso schwer gehabt hatten wie wir anderen.
»Wir teilen das Haus mit Arousiag und deinem Onkel Hagop ...«
»Onkel Hagop ist zurückgekommen?«
»Ja, er ist wieder da, aber es geht ihm nicht gut. Er wurde im Gesicht verwundet.«
Mir war traurig und elend zumute. Ich bedauerte meinen Onkel Hagop, aber ich bedauerte auch mich selbst. Der Onkel, aus dem ich mir nichts machte, hatte überlebt, und meine Lieblingstante war fortgezogen. Ich versuchte mir vorzustellen, wie das Leben in unserem alten Haus jetzt sein würde. Ich hatte all die Zeit über soviel von den alten Tagen geträumt. Aber jetzt plötzlich hatte ich Angst davor, direkt damit konfrontiert zu werden.

* Das heutige Izmir

Mittlerweile hatten wir Azizya erreicht. Als wir nun durch die heimatlichen Straßen fuhren, konnte ich nicht umhin, sie mit Aleppo zu vergleichen, und dagegen erschien mir alles hier schäbig und schmutzig. Hatte es damals, als wir noch hier wohnten, genauso ausgesehen? Doch das lag so weit zurück...

»Der Krieg ist daran schuld«, hörte ich Großmama sagen. »Jeder kleinste Fleck und jeder Winkel zivilisierten Lebens wurde durch menschliche Dummheit besudelt.«

Wir hielten vor unserem Haus. Mit meinem kleinen Bündel, das mir plötzlich sehr kostbar erschien, kletterte ich aus dem Wagen. Dann stand ich da und starrte auf das Haus und den Garten, unfähig, mich von der Stelle zu rühren.

»Komm herein, Veron, ich richte dir etwas Kühles zu trinken«, sagte Großmama, die in der Tür stand und auf mich wartete.

»Geh schon voraus, Großmama. Ich möchte mich für einen Moment in den Garten setzen.«

Ich ging zu dem Baum, unter dem Mama, Yeghsa und ich an jenem Tag gepicknickt hatten. Der Baum war gewachsen und schien nicht mehr derselbe zu sein. Der Garten war verwildert und von Unkraut überwuchert. Ich hatte das Gefühl, alles sei aus und vorbei. Ich bedauerte, zurückgekommen zu sein. Aber wohin hätte ich sonst gehen sollen? Nach England, mit Sosi? Mir fiel ein, was Papa bei unserem letzten Zusammensein zu mir gesagt hatte. Im selben Moment kam ein Vogel geflogen, setzte sich auf einen Zweig über meinem Kopf und stimmte sein Lied an. »Ach, du bist's«, sagte ich laut, so als könnte er mich verstehen. »Ja, ich war sehr lange fort...« Doch da schwang er sich wieder auf und flog weg. Ich gab mir einen Ruck, erhob mich und ging auf das Haus zu. Ich will nicht traurig sein, sagte ich mir, und keiner soll sehen, wie mir zumute ist.

Unser Haus kam mir innen so klein vor. Es sah zwar genauso aus, wie ich es in Erinnerung hatte, aber so, als wären alle Räume etwas geschrumpft. Es war mit Großmamas Möbeln eingerichtet, mit Ausnahme einiger Stükke, die Papa, wie ich mich erinnerte, vor unserer Abreise zu Großmama gebracht hatte. Mariam lief mir zur Begrüßung entgegen, aber ihre kleinen Geschwister versteckten sich hinter einer Mauerecke, lugten neugierig hervor und zogen schnell den Kopf wieder zurück.

»Kommt hervor, und seid nicht so schüchtern«, sagte ich. »Ich wette, ihr wißt nicht, wer ich bin.«

Jetzt kamen sie und ließen sich wortlos von mir umarmen und küssen. Und dann tauchten Tante Arousiag und Onkel Hagop auf und hießen mich daheim willkommen. Tante Arousiag schien sich über unser Wiedersehen zu freuen und sagte, ich sähe jetzt meiner Mutter sehr ähnlich. Onkel Hagop machte einen traurigen Eindruck. Die Verwundung hatte ihn häßlich entstellt, die linke Gesichtshälfte war eingesunken und das Auge hinuntergesackt. Er redete kaum, und sein Lächeln wirkte verzerrt und gezwungen. Mein Anblick mußte ihn wohl an meinen Vater erinnern und daran, daß er all seine Brüder verloren hatte.

Wir setzten uns an den Tisch und versuchten, eine Unterhaltung in Gang zu bringen. Es schien, als habe uns das Schicksal, das jeder persönlich erlitten hatte, getrennt und als wüßten wir einfach nicht, wie wir uns gegenseitig trösten sollten, obwohl wir doch eine Familie waren. Zuerst verstand ich nicht, wie das möglich war, da ich meinte, die Bande des Blutes seien stärker als alles andere. Aber mit der Zeit wurde mir klar, daß das, was Menschen trennte – oder verband –, damit zu tun hatte, wie der einzelne sein Schicksal bewältigte. Und in dieser Hinsicht schienen sich nicht einmal zwei aus unserer Familie zu gleichen.

»Zuallererst nähe ich dir ein neues Kleid«, sagte Großmama und unterbrach damit meine Gedanken. »Und dann gehen wir in die Schule, um dich anzumelden. Ein paar von deinen alten Schulfreundinnen sind zurückgekehrt, und wir haben auch wieder Sonntagsgottesdienst in der Kirche. Möchtest du vielleicht im Chor mitsingen?«

»O Großmama«, sagte ich, »das möchte ich schrecklich gern! Ich habe auch im Waisenhaus in Aleppo im Chor gesungen. Ach Großmama, das ist das Schönste, was du mir vorschlagen konntest.« Der Kirchenchor in seinen weißen Gewändern mit dem großen roten Kreuz auf dem Rücken war mir immer gegenwärtig geblieben. Mir wurde ganz heiß bei dem Gedanken, daß ich dem Chor angehören und eins von diesen Gewändern tragen sollte.

Aus Großmamas Stimme sprach Zuversicht, die sich auf andere übertrug. Sie vermittelte einem das Gefühl, daß es möglich sei, hier am alten Ort unser altes Leben wiederaufzunehmen. Ich war froh, daß nicht über die Vergangenheit gesprochen wurde und der Blick in die Zukunft gerichtet war.

An einem der nächsten Tage gingen wir in die Schule, und die Atmosphäre dort nahm mich sofort gefangen. Der Geruch war mir so vertraut, und die Stimmen der Kinder hatten so etwas Tröstliches für mich. Eine unbändige Lust zu rennen, zu schreien und zu lachen überkam mich.

Auf dem Heimweg traf ich zwei meiner alten Schulfreundinnen wieder, Chaker Tehbelekian und ihre Kusine Seta. Sie waren während der Massaker in die Nähe von Aleppo verschlagen worden und dort auf eine Privatschule gegangen.

»Ich wette, du kommst zu uns«, meinte Seta. »Wir bilden mit einigen anderen eine Extraklasse für Fortgeschrittene.«

»Hoffentlich«, antwortete ich. Wie gut, daß ich mich in Aleppo für das Waisenhaus entschieden hatte, so daß ich mit dem Lehrstoff jetzt nicht im Rückstand war. Der Gedanke erfüllte mich mit tiefer Befriedigung.

»He!« rief mir Chaker nach, als wir uns schon getrennt hatten. »Morgen ist ja Sonntag. Da veranstalten wir bei mir daheim ein Gartenpicknick. Willst du nicht auch kommen?«

15

1919–1921

»Großmama! Großmama!« rief ich, als ich nach Hause kam. »Ich bin ja so froh, daß du mir ein neues Kleid genäht hast. Chaker Tehbelekian hat mich für morgen zu einem Gartenpicknick eingeladen.«
»Wundervoll, mein Liebling. Das ist genau, was du jetzt brauchst.«
»Was soll ich denn mitbringen? Ich muß doch wohl etwas mitbringen, nicht wahr?«
»Natürlich, das ist ja der Sinn eines Picknicks. Kannst du backen oder kochen?« fragte Großmama verschmitzt.
»Aber nein, Großmama, ich habe mein Lebtag noch nie gekocht.«
»Na schön, morgen gehst du zu deiner ersten Party, und heute bekommst du den ersten Küchenunterricht. Was willst du für das Picknick mitbringen?«
»Baklava! Großmama, ich glaube, ich habe noch nicht öfter als zweimal Baklava gegessen, seit...«
»Da hast du dir gleich das Schwierigste ausgesucht. Aber du hast recht, Veron – Baklava, das muß einfach jedes armenische Mädchen auf den Tisch bringen können, und es ist wohl der richtige Moment, um damit anzufangen.«

Als ich mich für das Picknick fertigmachte, durchströmte mich heißes Glücksgefühl, wie ich es schon sehr lange nicht mehr empfunden hatte.
»Es ist gut, sich sicher und geborgen zu fühlen, in einem Nest, das einem ganz gehört«, hatte Großmama tags zuvor gesagt, als sie mich beim Ausrollen des Teiges beobachtet hatte. »Das ist es und nichts anderes, was jedes Mädchen braucht und jede Frau sich wünscht. Du wirst unverzüglich anfangen müssen, den Haushalt zu erlernen. Es ist höchste Zeit dafür. Ich war fünfzehn, als ich geheiratet habe.«

»Ich möchte aufs College gehen, Großmama«, hörte ich mich sagen.
»Was!« rief Großmama. Ich sah ihr an, daß ihre Gedanken fieberhaft arbeiteten, ohne daß sie sie aussprach. »Warum?« fragte sie schließlich. »Und was willst du studieren?«
»Ich will mir Wissen erwerben – wie Papa es hatte. Ich möchte mich selbst verstehen, und ich möchte die Welt sehen. Das alles werde ich nie, wenn ich einfach hier in Azizya bleibe und in ein paar Jahren heirate.«
»Aber wohin willst du gehen?«
»Ich glaube nach Smyrna oder Istanbul.«
»So weit...«
»Ich hätte nach England gehen können, Großmama. Aber ich wollte nach Hause kommen und bei dir sein.«
Großmama schaute mich lange an, dann sagte sie: »Man sieht dir nicht an, daß du erwachsen bist, Veron. Doch du bist es. Du hast die Gesichtszüge deiner Mutter, aber den Kopf deines Vaters. Du sollst deinen Willen haben. Mit vierzehn kannst du über das Geld deines Vaters verfügen, und dann wirst du auch alt genug sein, um aufs College zu gehen. Ich werde dich aufs College schicken.«

Ich hatte die Tehbelekians, früher, vor den Massakern, wohl nie besucht, denn weder das Haus noch die Umgebung schienen mir vertraut. Der Garten dort war ganz und gar anders als unserer: eine große Rasenfläche, eingerahmt von Blumenbeeten, und mitten durch die Wiese floß ein winziger Bach, an dem eine Windmühle stand, die einzige Windmühle weit und breit. Diese faszinierte mich besonders. Ich hatte Windmühlen bisher nur von Bildern gekannt, und irgendwie war ich nie auf die Idee gekommen, so ein Ding könnte tatsächlich existieren.
Chaker hatte sämtliche Mädchen aus ihrer Klasse eingeladen. Es war dies die erste Kinderparty nach all den Jahren der Vertreibung, und als Frau Tehbelekian die Erfrischungsgetränke brachte, sagte sie: »Damit wollen wir die

Heimkehr der Flüchtlinge feiern, die nun keine Flüchtlinge mehr sind.« Und alle strahlten vor Freude.
So wie ich, hatten auch die anderen Mädchen neue Kleider an. Wir setzten uns unweit der Windmühle ins Gras, redeten, kicherten, überschrien uns gegenseitig und zerbogen uns vor Lachen. Ich konnte mich nicht erinnern, wann ich mich je so sorglos und unbeschwert gefühlt hatte. Zum ersten Mal, seit wir unseren Leidensweg angetreten hatten, war ich frei von dem Gedanken an morgen. Eine drückende Last war von meiner Seele genommen.
Langsam fand unser Leben in einen Rhythmus. Wir lernten, mit der Vergangenheit zu leben.
Großmama war nicht mehr derselbe Mensch, den ich in Erinnerung hatte. Es muß wohl das Alter sein, dachte ich. Und einmal, als sie sah, daß mich ihre Traurigkeit bedrückte, sagte sie: »Das junge Herz, nicht aber das alte kann den Schmerz verwinden. Es ist wichtig für dich, daß du positiv zu deinem Leben stehst und dich nicht durch meines belastest. Und ich will nicht, daß du dich schuldig fühlst – aus welchem Grund auch immer. Schuld und Reue sind die großen Seelenmörder.«
»Aber manchmal, wenn ich dich so sehe, Großmama, fühle ich mich doch schuldig. Weil ich vieles vergessen habe und du nicht und weil ich nicht ebenso traurig bin wie du.«
»Später wirst du dich an alles erinnern. Jetzt mußt du zu vergessen trachten, damit du nicht in deinem körperlichen, geistigen und seelischen Wachstum behindert oder zum Krüppel wirst, sondern gerade wächst, aufrecht und stark wie der Baum draußen im Hof, unter dem du so gerne sitzt. Er ist jung und im Wachsen wie du, ich aber bin jetzt ein alter, gebeugter Baum, der darauf wartet, in die Erde zurückzukehren, aus der er gekommen ist.«
Samstags traf ich mich mit den älteren Mädchen und lernte sticken, und sonntags sang ich im Kirchenchor. Ich war schon immer gern in die Kirche gegangen, aber jetzt war es

ein ganz besonderes Gefühl. Es fing schon damit an, daß ich in aller Früh mit Großmama ging. Der Kirchengang mit Großmama erfüllte mich mit freudigem Stolz, da Großmama die würdevollste, hochgeachtetste und einflußreichste Frau in unserer Gemeinde war. Sie saß in der Kirche an einem Tisch gleich hinter der Tür, auf dem eine Platte mit Kerzen stand. Jeder Kirchenbesucher nahm beim Eintritt eine Kerze und legte ein Geldstück auf die Platte. Am Ende des Gottesdienstes strich Großmama die Spenden ein und übergab sie dem Kurator, und dann gingen wir zusammen heim. Wir beide allein.

Weil ich zu Hause von uns Kindern jetzt die Älteste war, etwas älter als Mariam, wurden mir schon viele Pflichten im Haushalt übertragen, und außerdem mußte ich mich noch um Arshalous und Garabed kümmern. Zu meinen Aufgaben gehörte es, Wasser zu holen, den Tisch zu decken, Geschirr abzuwaschen und im Haus sauberzumachen. Auch mußte ich mit den Kindern spazierengehen oder sie nötigenfalls von draußen hereinholen und immer neue Spiele erfinden, um sie zu beschäftigen. Ich wäre abends gern zu meinen Freundinnen gegangen, aber immer rief mich Tante Arousiag und befahl mir, auf die Kinder aufzupassen. Sie war herrschsüchtig und faul, und ich haßte sie. Und ich haßte auch die Kinder, die ständig quengelten und jammerten und irgend etwas anstellten.

Eines Tages öffnete Großmama Mutters Schatztruhe, und gemeinsam nahmen wir ein Kleid nach dem anderen heraus und unterzogen es einer genauen Prüfung. Großmama hielt Mamas blaues Taftkleid hoch und meinte, das werde sie für mich umändern. »Für das Rosafarbene mit der Samtjacke bist du noch zu jung, das lassen wir noch ein Weilchen warten.«

Ich freute mich und dachte, bald werde ich mein eigenes Geld haben und aufs College gehen, und die lästigen Fratzen und meine gemeine Tante können mich gern haben.

Ich hatte an Tante Lousapere geschrieben und ihr mitgeteilt, was es zu berichten gab. Ihre Antwort war traurig. Sie schrieb, wie einsam sie sei, obwohl sie Hrpsime am Wochenende besuchen oder mit heimnehmen könne. Ihr Herz blute um alle, die von uns gegangen seien, wie auch um die, von denen sie getrennt sei. Sie hoffe, ich würde sie bald einmal besuchen, denn sie wisse, daß sie nie mehr nach Azizya zurückkehren werde.

Je länger ich in Azizya blieb und je älter ich wurde, desto weniger behagte mir das Leben dort. Es war eben nicht genug, einfach nur daheim und in Sicherheit zu sein – weil daheim nicht mehr daheim war. Da wir den Türken nicht mehr trauten, beschränkte sich unser Lebenskreis auf die armenischen Viertel. Alle Türken, die ich kannte und mit denen ich in Azizya sprach, sagten, sie bedauerten zutiefst, was geschehen sei. Sie behaupteten, die Regierung sei an allem schuld, und die Zivilbevölkerung sei völlig unschuldig. Es stimmte, daß viele Türken Armenier beherbergt hatten und gegen die Grausamkeit der Gendarmerie, der Freischärler und kurdischen Briganten zu Felde gezogen waren. Dennoch war es uns unmöglich, noch einmal eine gemeinsame Basis des Vertrauens zu finden. Mein dreizehnter Geburtstag war vorübergegangen, gefolgt von einem strengen, bitteren Winter. Ich hatte ganz vergessen, wie kalt es in Azizya werden konnte. Und wie durch ein Wunder, so schien es, war dann der Mohn wieder in Blüte und die Sonne unser täglicher Gefährte. Ich fühlte eine Unruhe in mir, die ich zuerst dem Wechsel der Jahreszeiten zuschrieb, doch allmählich wurde mir klar, daß es etwas von außen Kommendes war, daß wieder einmal Unfrieden in der Luft lag. Großmama schob meine Vermutungen zunächst beiseite, aber eines Tages, als in der Schule schon Gerüchte umgingen, gab sie zu, daß jetzt zwischen der Türkei und Griechenland Streit herrschte.
»Wer ist Weniselos?«
»Der griechische Ministerpräsident.«
»Und was ist mit ihm?«

»Im Friedensvertrag von Sèvres wurde Smyrna Griechenland zuerkannt. Daß die Griechen so dumm sind, zu glauben, sie könnten es einfach in Besitz nehmen, verwundert mich nicht. Aber Weniselos plant eine militärische Invasion des Landesinnern, um die Türken in die Knie zu zwingen.«
»Schon wieder Krieg?«
Großmama antwortete nicht. Sie schaute mich nur an mit einem Blick, der sagte, selbst wenn man gescheit genug wäre, es zu verstehen, was würde es nützen?
Die Gerüchte schienen eigenen Gesetzlichkeiten zu folgen. Sie verdichteten sich immer mehr, bis schließlich eines Nachmittags türkische Soldaten in unserem Stadtteil aufmarschierten, an unsere Türen klopften und uns mit einer plötzlichen Anordnung überraschten.
»Wir evakuieren dieses Viertel!« riefen sie. »Sämtliche Bewohner werden in den türkischen Sektor übersiedelt. Lassen Sie alles stehen und liegen, und kommen Sie mit, wie Sie sind! Sie können genauso wieder zurückkehren, sobald die Kämpfe vorüber sind.«
Bevor wir wußten, wie uns geschah, marschierten wir in Viererreihen durch die Straßen. Als wir an unserer Kirche vorbeikamen, sahen wir türkische Soldaten hineindrängen.
»Großmama«, flehte ich, »was geschieht mit uns? Warum werden wir weggebracht?«
»Die Griechen sind in den Bergen und bereiten den Angriff vor. Die reichen Türken übersiedeln in unsere Häuser, und die Soldaten verschanzen sich in der Kirche.«
»Das verstehe ich nicht.«
»Die Griechen sind Christen, wie wir. Sie werden weder die Kirche noch die umliegenden Häuser bombardieren.«
Sobald ich begriffen hatte, sagte ich nichts mehr. Schweigend trottete ich mit den anderen dahin, widerstandslos wie sie.
»Morgen ... an einem der nächsten Tage ... so bald wie möglich können Sie in Ihre Häuser zurückkehren. Es

besteht kein Grund zur Besorgnis!« riefen die Soldaten, während sie uns zur Eile antrieben.
Wir wurden in eines der reichen türkischen Häuser einquartiert. Die Dunkelheit brach herein. Ich führte die Kinder in ein Nebenzimmer und redete ihnen zu, sich niederzulegen, bis ihre Mutter käme, um sie ins Bett zu bringen. In dem Moment stürzte eine Türkin herein, es war dieselbe, die Großmama vorhin bei unserem Eintreffen zugenickt hatte. Großmama hatte uns erklärt, sie sei eine Freundin aus alten Tagen. »Schnell, Hanim!« rief sie. »Die Griechen greifen an. Flüchten wir uns in die Berge, wir alle, bevor sie da sind!«
»Lauf und hol die Kinder, Veron!« sagte Großmama. »Zieh ihnen schnell die Schuhe wieder an!«
Ich rannte ins Nebenzimmer, setzte die Kinder auf und begann einem nach dem anderen die Schuhe zu schnüren. Plötzlich war ich von einem grell aufflammenden Lichtschein umhüllt, gefolgt von einer langen Stille – und dann wußte ich nichts mehr.

16

1921

Als ich wieder zu mir kam, lag ich am Boden, umgeben von Dunkelheit, Rauch und Schutt. Die drei Wände in meinem Gesichtsfeld waren verschwunden, dem Erdboden gleichgemacht, wie ich jetzt erkannte, durch eine Bombenexplosion. Auf einmal hörte ich bekannte Stimmen, zuerst wie im Traum, dann plötzlich sehr deutlich und drängend. Sie riefen laut unsere Namen, und einen Atemzug später kniete Großmama neben mir. Arshalous und Garabed befanden sich außerhalb meiner Reichweite, sie lagen auf dem Rücken, als schliefen sie, und mein erster

Gedanke war, warum stehen sie nicht auf? Tante Arousiag und Onkel Hagop versuchten sie wachzurütteln und riefen ihre Namen, immer und immer wieder. Erst jetzt wurde mir klar, daß sie tot waren. Ich fühlte einen dumpfen Schmerz in einem Bein, und als ich an mir hinunterschaute, sah ich mit Entsetzen, daß ich in einer Blutlache saß. Großmama half mir auf, und von ihr gestützt, gelang es mir, in den anderen Raum hinüberzuhumpeln, der seltsamerweise völlig unversehrt war. Großmama half mir, mich niederzusetzen, und begann meine Wunde zu säubern. Als das Blut von meinem Bein abgewaschen war, erschrak ich noch mehr, denn jetzt sah ich, daß ein Stück der Wade weggefetzt war. Ich spürte, wie ich ohnmächtig wurde, aber Großmama legte mir rasch eine kalte Kompresse auf die Stirn.
»Der Knochen ist heil«, sagte sie, um mir Mut zuzusprechen. »Er ist weder gebrochen noch sonstwie verletzt. Du wirst gehen können. Ich wickle jetzt ein Stück Stoff herum, und wenn wir heimkommen, verbinde ich es ordentlich.«
Im nächsten Moment hörten wir knapp hintereinander zwei weitere Explosionen, gefolgt von Schreien und Rufen. Ich hatte Angst, aber mein Kopf war völlig klar. Die Türkin, die uns zur Flucht geraten hatte, bevor die Bombe eingeschlagen hatte, stürzte herein und rief: »Die Griechen verlangen, daß sämtliche Türken die Stadt unverzüglich verlassen, sonst drohen sie alles dem Erdboden gleichzumachen. O Hanim, was soll ich nur tun... meine Kinder!«
Und damit rannte sie schluchzend hinaus auf die Straße. Sobald mein Verband fertig war, verließen Großmama und ich ebenfalls das Haus. Tante Arousiag und Onkel Hagop blieben drinnen bei ihren toten Kindern. Mariam war unversehrt geblieben und schloß sich uns an. Inmitten einer hastenden, schreienden Menschenmenge, umschwirrt von schrillen, hysterischen Zurufen bewegten wir uns schiebend und drängend heimwärts. Der Schmerz

in meinem Bein wurde immer schlimmer, bis ich schließlich nicht mehr weiterkonnte.
»Es ist ganz kalt«, sagte Großmama, als sie das Bein befühlte. Und dann spürte ich gerade noch, wie mich zwei unserer armenischen Nachbarn aufhoben und gemeinsam weiterschleppten. Irgendwie kamen wir tatsächlich zu Hause an. Großmama wusch meine Wunde nochmals aus und legte etwas Sauerteig auf, bevor sie das Bein wieder mit einem sauberen Tuch verband. Kaum zwei Stunden später erschien plötzlich der Priester, gefolgt von mehreren Griechen. »Ich habe einen Arzt mitgebracht«, sagte er zu Großmama. »Er und seine Helfer werden sich um die Verwundeten kümmern. Sie haben ein sehr schlechtes Gewissen wegen der Bombardements.«
Der Arzt nahm meinen Verband ab und entfernte vorsichtig den Teig. Er wusch die Wunde abermals und legte dann eine Salbe auf. Währenddessen unterhielt er sich auf griechisch mit dem Priester.
»Der Arzt sagt, der Teig ist nicht das rechte Heilmittel für eine Wunde wie diese, er hätte sogar beträchtlichen Schaden anrichten können«, erklärte der Priester Großmama. Und zu mir sagte er: »Er wird dir etwas gegen die Schmerzen geben. Wenn es möglich ist, kommt er in ein, zwei Tagen wieder vorbei, um zu sehen, wie es dir geht.«
Ich konnte nun überhaupt nicht mehr auf das Bein auftreten. Und am Abend des zweiten Tages ging die Medizin aus. Die Schmerzen stellten sich mit voller Wucht wieder ein. Aber am Abend kam der Arzt mit seinen Helfern wieder. Er untersuchte die Wunde, trug frische Salbe auf und legte einen neuen Verband an. Währenddessen redete er in einer Mischung aus Griechisch und Türkisch auf Großmama ein. Später erfuhr ich, daß er ihr nahegelegt hatte, mich so bald wie möglich in das Spital in Afyon zu bringen, das sich jetzt unter griechischer Kontrolle befand. Er sagte, es bestehe höchste Sepsisgefahr, und es könnte passieren, daß das Bein amputiert werden müsse.

Am nächsten Morgen ging Großmama in die Kirche und organisierte mit Hilfe des Priesters einen Transport nach Afyon, das auf Grund seiner Lage bedeutend sicherer war als Azizya. Wer Verwandte in Afyon hatte, war gut beraten, schleunigst dorthin aufzubrechen. Schon in jener ersten Bombennacht hatte es in Azizya etliche Tote gegeben, aber offensichtlich war ich die einzige Schwerverwundete, die eine Spitalsbehandlung nötig hatte.
Großmama entschied, daß mich Tante Arousiag und Mariam nach Afyon begleiten sollten, während sie und Onkel Hagop daheim blieben, um den Familienbesitz zu hüten. Alles Weitere hing vom Verlauf der militärischen Auseinandersetzung ab. Wir brachen mitten in der Nacht auf. Diesmal gab es keinen Abschiedsschmerz. Wir waren überzeugt, daß wir einander bald wiedersehen würden.

Ich war eingeschlafen, kaum daß mich Onkel Hagop im Wagen verstaut hatte. Er setzte mich neben Perouze, die ältere Schwester einer meiner Schulkameradinnen. Sie legte den Arm um mich und bot mir an, an ihrer Schulter zu schlafen. Sie sah, wie müde ich war und wie elend ich mich fühlte. Ich schlief und wußte von nichts mehr, bis ich schließlich durch Hundegebell geweckt wurde. Ich schreckte hoch, und es dauerte einen Moment, ehe ich mich erinnerte, wo ich war. Tatsächlich hatten wir bereits das armenische Viertel von Afyon erreicht.
»Hier – das ist das Haus der Dumehjians«, rief Tante Arousiag zum Kutscher. »Da müssen wir aussteigen.« Sie nahm Mariam an der Hand und drängte zum Ausstieg.
»Tantc Arousiag!« rief ich verzweifelt. »Bitte hilf mir!«
Sie drehte sich um und schaute mich mit haßerfülltem Blick an. »Warum bist du nicht gestorben anstelle meiner Kinder!« sagte sie grausam. »Sie sind tot, und du fällst mir jetzt zur Last – dank deiner Großmutter.«
Ich war so schockiert, daß es mir die Rede verschlug.
»Warte, ich helfe dir«, hörte ich Perouze sagen. Sie ließ sich auf die Knie nieder und nahm mich auf den Rücken,

und mit Hilfe einiger anderer gelang es uns irgendwie, vom Wagen hinunterzuklettern.
Plötzlich flog die Haustür auf, und Onkel Karnig eilte heraus, um uns zu empfangen.
»Sie muß sofort ins Spital«, sagte Perouze eindringlich. »Wissen Sie, wo das ist? Können Sie sie hinbringen?«
»Natürlich! Ich bringe sie sofort in meinem Wagen hin.«
Damit nahm er mich auf die Arme und trug mich ins Haus.
Ich war noch nie in einem Spital gewesen. Eine Krankenschwester nahm mich in Empfang, setzte mich in einen Rollstuhl und umgab mich vom ersten Moment an mit liebevoller Sorge. Ich hatte sie auf Anhieb gern. Sie sprach türkisch mit griechischem Akzent, und ich hatte zuerst Schwierigkeiten, sie zu verstehen.
»Sie wird deine Pflege übernehmen«, erklärte mir mein Onkel. »Es scheint, als hätten sie dich schon erwartet.«
Die Schwester brachte mich im Rollstuhl in ein kleines Einzelzimmer hinauf, legte mir die Spitalskleidung zurecht und half mir beim Umziehen.
»Und jetzt schlaf«, sagte sie. »Wenn dann der Doktor kommt, wird er sich deine Wunde anschauen und den Verband wechseln.«
Es wurde gerade hell draußen, und ich beobachtete durch das Fenster, wie sich die Farben am Horizont verwandelten. Die Schönheit des Naturschauspiels wurde durch grelle Lichtgarben und Kanonendonner zerstört.
Ich mußte lange geschlafen haben, denn als ich die Augen öffnete, war das Spital bereits zu emsigem Betrieb erwacht. Im nächsten Moment war auch die Krankenschwester wieder da, begleitet von einem Arzt, der gleich mit der Untersuchung begann. Er sprach fließend türkisch, ohne den geringsten Akzent.
»Das ist eine schlimme Wunde«, sagte er. »Tut es sehr weh?«
»Nicht, wenn ich meine Pillen nehme.«
»Laß sehen«, sagte er, nahm mir die Pillenschachtel aus der Hand und steckte sie in die Tasche. »Von jetzt an gibt

dir die Schwester die Pillen in regelmäßigen Abständen.« Er sagte etwas auf griechisch zu der Schwester und wandte sich dann wieder an mich. »Du bist bei Maria in guten Händen. Sie meint, du seist ein tapferes und fröhliches Mädchen. Weißt du auch, daß du die einzige junge Dame im ganzen Spital bist?«
»Nein«, sagte ich errötend.
»Unsere anderen Patienten sind alles griechische Soldaten. Vielleicht hast du Lust, Griechisch zu lernen? Das würde dir die Zeit vertreiben und dich von deinem Kummer ablenken.« Er nickte mir noch einmal aufmunternd zu und wandte sich dann zur Tür.
»Bitte, Herr Doktor«, rief ich ihm nach, »wie lange wird es dauern, bis ich wieder heimkann?«
»Heim – das ist nach Azizya, stimmt das?« fragte er.
»Ja, meine Großmutter wohnt dort.«
»Es wird lange dauern, bis du wieder gehen kannst. Vielleicht ein Jahr. Du wirst sehr tapfer und sehr geduldig sein müssen.«
Ein Jahr, dachte ich, das ist zu lang, um es sich auch nur vorzustellen. Vielleicht geschieht irgend etwas. Vielleicht schicken sie mich heim, und Großmutter kann mich pflegen.
Damit begann das endlose Warten. Die Tage schleppten sich dahin. Niemand kam, um mich zu besuchen. Meine Einsamkeit wurde immer größer, trotzdem war ich andererseits froh, daß meine Tante nicht daran dachte, mich zu besuchen, jetzt, wo ich wußte, wie sehr sie mich haßte. Ich wartete nur sehnsüchtig auf Großmama, aber sie kam nicht und schrieb mir auch nicht. Maria erklärte mir, daß seit der Vertreibung der Türken keine Post mehr verkehrte, Briefe könnten einstweilen nur durch Sonderkuriere befördert werden. Wochen später sagte sie mir, sämtliche Straßen seien für den zivilen Verkehr gesperrt, und ich sollte lieber nicht mit einem Besuch meiner Großmutter rechnen, ehe der Krieg zu Ende sei. Ich hörte, wie ich scharf die Luft einzog. Ich hatte den Mund geöffnet, um

etwas zu sagen, brachte aber kein Wort heraus. Als ich in Marias Augen sah, erkannte ich, daß sie mir diese Nachricht absichtlich so lange verschwiegen hatte. Sie mußte sehr großes Mitleid mit mir haben, denn ihre Augen schwammen in Tränen.

»Sie können doch gar nichts dafür«, sagte ich.

Sie setzte sich zu mir aufs Bett und nahm mich in die Arme, und dann schluchzten wir Schulter an Schulter.

»Ich bin keine sehr gute Krankenschwester«, meinte sie schließlich, »ich weine zu leicht.«

»Jetzt bin ich schon viel weniger traurig«, sagte ich, als wir beide ausgeweint hatten und sie mir die Tränen trocknete.

»Du bist wirklich ein sehr tapferes Mädchen. Erinnere dich, was ich dir bei deiner Ankunft gesagt habe. Das Ende einer schlechten Straße ist immer der Anfang einer guten. Immer.«

Es war nicht nur das Alleinsein, was mich so traurig stimmte. Es waren auch die Soldaten. Oft wachte ich nachts von ihren Schmerzensschreien und ihrem Stöhnen auf. Pausenlos wurden neue Verwundete eingeliefert, zu jeder Tages- und Nachtzeit, und als alle Krankensäle überfüllt waren, wurden im Korridor vor meinem Zimmer Matten für die Verwundeten ausgelegt. Manchmal schaute einer zu mir herein, aber kaum einer fand ein aufmunterndes Wort oder auch nur ein Lächeln. Und immer hörte ich sie in ihrer Sprache beten, während von draußen, nicht weiter als vom Stadtrand, der Gefechtslärm herüberdrang. Zwei- bis dreimal wöchentlich stattete ein weißhaariger Vier-Sterne-General dem Spital einen Besuch ab, redete mit den Verwundeten und versuchte sie aufzumuntern. Jedesmal warf er auch einen Blick in mein Zimmer und rief mir entweder einen türkischen oder einen griechischen Gruß zu. Eines Tages kam er zu meiner Überraschung herein und fing auf türkisch eine Unterhaltung an. Er sprach sehr freundlich und behutsam zu mir, aber irgendwie begriff ich nicht. Er sagte, er habe vom Personal gehört, daß ich eine Waise sei. Er und seine Frau,

müsse ich wissen, hätten keine eigenen Kinder, und sie empfänden deshalb eine Leere in ihrem Leben, die sie bisher nicht auszufüllen gewußt hätten.
»Das hier ist ein Militärspital«, fuhr er fort, »und kein Ort für ein junges Mädchen. Ich weiß, wie traurig und einsam du bist und daß du Angst hast. Wie würde es dir gefallen, meine Tochter zu sein?« Er wartete einen Moment, und als ich nicht antwortete, fügte er hinzu: »Ich kann dich morgen nach Smyrna, in das Haus meiner Schwester, bringen. Und sobald die Adoption gesetzlich geregelt ist, nehme ich dich heim zu mir nach Athen.«
Zuerst war ich so überrascht, daß ich keinen klaren Gedanken fassen konnte. Dann dachte ich: Ich will keine Griechin sein. Das wäre schrecklich für mich. Doch gleichzeitig wußte ich, daß ich in Afyon meines Lebens nicht sicher war. Meine Verwandten kümmerten sich nicht um mich. Und was würde geschehen, wenn die Türken die Griechen zurückschlugen? Dann würde mein Leben hier wahrscheinlich erst recht in Gefahr sein.
»Ja«, sagte ich nur. Ich wußte nicht, was ich sonst sagen sollte. »Ja, ich fahre morgen mit Ihnen.«

17

1921–1922

Erst einmal tat es wohl, wieder geborgen und in Sicherheit zu sein. Der General war ein guter Mensch, und ich schätzte und achtete ihn, obgleich ich nicht wußte, was ich mit ihm reden sollte, und es ihm umgekehrt mit mir genauso erging. Seine Schwester war dick und fröhlich, und sie schien es zu genießen, mich wie eine Gluckhenne zu bemuttern. Ihr Haus war sehr schön. Elegant eingerichtet, mit Spitzenvorhängen, und in allen Zimmern roch es nach Kölnischwasser.

Ich meinte, ich müßte glücklich sein. Aber ich war es nicht. Natürlich war ich dem General dankbar, ich war überzeugt, daß er mir das Leben gerettet hatte. Trotzdem fühlte ich mich jetzt, wo es mir gutging, noch einsamer als vorher. Zum ersten Mal tauchten Gedanken an meine Eltern und Geschwister an die Oberfläche. Ich hatte das Gefühl, wenn ich nach Athen ginge und dort wie eine Griechin lebte, würde ich nicht nur meine Kirche und meine Nationalität verraten und meine Großmutter verlieren, sondern gewissermaßen auch die Toten. Ich *mußte* Armenierin bleiben, eine Dumehjian, das Mädchen, das meine Eltern und meine Großmutter erzogen hatten.

Eines Morgens, wenige Tage nach unserer Ankunft in Smyrna, machte sich der General mit mir auf den Weg zur armenischen Kirche, um bei Erzbischof Tourian vorzusprechen, der seine Einwilligung zur Adoption geben müsse.

Mitsamt meinem Rollstuhl wurde ich in die Kutsche verfrachtet. Ich war furchtbar aufgeregt. Ich hatte noch nie einen Erzbischof von Angesicht gesehen. Wie sollte ich ihn ansprechen, fragte ich mich. Zugleich hoffte ich, er werde meine innersten Gedanken und Gefühle lesen können.

Unterwegs zur Kirche steigerte sich meine Nervosität derart, daß ich viel darum gegeben hätte, unser Eintreffen hinauszuzögern. Ich dachte, wenn ich nur genug Zeit hätte, so könnte ich mir klarwerden, wie ich mich gegenüber dem Erzbischof verhalten sollte. Fast vergaß ich darüber meine feste Absicht, einen Ausweg aus meiner gegenwärtigen Situation zu finden. Da waren wir auch schon bei der Kirche angelangt. Der Torwärter rollte mich hinein, und dann saßen wir im Vorzimmer des erzbischöflichen Büros und warteten, bis man uns hineinrief. Eine Wache stand mit unbewegtem Gesicht vor der Tür.

»Du mußt wissen«, erklärte mir der General, »daß der Erzbischof jetzt die alleinige Regierung der Armenier ist. Er erläßt und überwacht die Gesetze und muß alle Entscheidungen für sein Volk treffen.«

Die Wache öffnete die Tür und bedeutete uns einzutreten. Als ich den Erzbischof da in seinem Samtsessel mit der hohen Rückenlehne sitzen sah, war mein erster Gedanke: Er ist wie ein armenischer König, majestätisch, edel und allmächtig. Er erhob sich vom Schreibtisch und trat zur Begrüßung auf uns zu. Ich stand auf und küßte ihm die Hand, dann nahmen wir ihm gegenüber Platz. Die beiden Männer sprachen griechisch miteinander, und obwohl ich die meisten Worte erraten mußte, konnte ich ihrem Gespräch folgen. Der Erzbischof dankte dem General, daß er mein Leben gerettet hatte, da das Spital bekanntlich jeden Moment bombardiert werden könne. Der General sagte, das Schlimmste am Krieg sei das Leid, das den Kindern widerfahre. Schließlich gab der Erzbischof dem Adoptionsansuchen statt. Daraufhin wandte er sich an mich und sprach nun armenisch.

»Möchtest du diesen Mann zum Vater haben?«

»Nein! Ich möchte Armenierin bleiben. Ich möchte nicht meiner Kirche und meiner Nation entsagen.«

»Du weißt, daß dieser Mann es aufrichtig mit dir meint und daß er eine einflußreiche Persönlichkeit ist. Wir können ihm sein Ansuchen nicht einfach abschlagen. Aber wenn es dir möglich ist, wegzulaufen und wieder hierherzukommen, werden wir die Verantwortung für dich übernehmen.«

»Es wird mir gelingen«, antwortete ich.

Auf dem Rückweg paßte ich ganz genau auf den Weg auf. Wir bogen dreimal ab, und die Abzweigungen waren leicht zu merken, aber um ganz sicher zu sein, prägte ich sie mir ein wie eine Photographie, die ich mit geschlossenen Augen vor mir sehen konnte. Mit der Kutsche brauchten wir etwas über eine halbe Stunde, ich schätzte also, daß ich zu Fuß eine bis eineinhalb Stunden benötigen würde, um die Entfernung vom Haus des Generals beziehungsweise seiner Schwester bis zur Kirche zurückzulegen. Ich würde noch bei Dunkelheit aufbrechen müssen,

um längst über alle Berge zu sein, bevor sich im Haus etwas regte und jemand kam, um nach mir zu sehen. Am Abend betete ich zu Gott, Er möge mein Bein stark genug machen, um mich zur Kirche zu tragen.
Trotz meiner Aufregung schlief ich ein, kaum daß ich im Bett lag, wachte aber schon nach wenigen Stunden wieder auf. Nun hielt ich die Augen weit offen, bis es meinem Gefühl nach an der Zeit war aufzubrechen. Ich schlüpfte aus dem Bett, zog mich an und kletterte aus dem Zimmerfenster. Zuerst tat mir das Bein gar nicht besonders weh, aber nach etwa einer Viertelstunde spürte ich es warm zum Knöchel hinunterrinnen. Ich wußte, daß es Blut war, und nahm mir vor, nicht daran zu denken, geschweige denn, es mir anzusehen. Ein wenig besorgt war ich schon, doch davon abgesehen, fühlte ich mich stark und entschlossen. Im Moment fürchtete ich nur eins – daß ich erwischt werden könnte. Doch glücklicherweise begegnete mir kein Mensch auf der Straße. Aber es dauerte nicht lange, und mein Bein fühlte sich irgendwie ungewohnt an. Ich tastete nach dem Knie und dem Schienbein. Das Bein war kalt. Die Angst fuhr mir in die Glieder, da ich mich erinnerte, wie kalt und steif das Bein damals in der Nacht meiner Verwundung geworden war. Ich muß weitergehen, ohne auch nur einen einzigen Moment stehenzubleiben, sagte ich mir, egal, was geschieht! Ich hatte die letzte Abzweigung hinter mich gebracht und zwang mich weiter, indem ich mir einhämmerte: Jetzt bist du auf dem direkten Weg zur Kirche! Mir wurde übel, mein Strumpf war blutdurchtränkt, und bei jedem Schritt tat mir das Geräusch des Auftretens in den Ohren weh. Ich schleppte mich vorwärts, noch ein Stück und noch eins, bis ich plötzlich vor mir die Kirche sah.
Der Wärter am Tor erkannte mich vom Vortag wieder. Er erschrak, als er mein blutiges Bein sah, eilte mir entgegen, hob mich auf und trug mich hinein. Während wir die Kirche durchquerten, beobachtete ich, wie mir das Blut aus dem Schuh rann und sich als rote Spur über den Boden

zog. Ich identifizierte mich nicht länger mit dem Blut, weil ich wußte, daß ich gerettet war. Das allein zählte und sonst nichts.
Plötzlich sah ich mich dem Erzbischof gegenüber.
»Ich bin weggelaufen!«
»Wahrhaftig, ja... ja, wahrhaftig!« sagte er ein ums andere Mal und nickte dazu. Aus seinen Augen sprach tiefes Mitgefühl. »Als erstes werde ich dich ins armenische Krankenhaus schicken, um deine Wunde versorgen zu lassen.«
Er nahm einen Notizblock zur Hand, schrieb eine rasche Mitteilung darauf, riß das Blatt ab und übergab es dem Wärter. »Bitte bringen Sie sie sofort ins Spital«, fügte er hinzu. Dann wandte er sich wieder an mich. »Sobald du gesund bist, kommst du zu mir, und ich werde veranlassen, daß du im Waisenhaus Aufnahme findest.«
Wir kutschierten auf gewundenen Wegen durch die Straßen von Smyrna, das mir mit einemmal sehr schön erschien, so daß ich es im Geist mit Aleppo zu vergleichen begann. Es war ganz anders und hatte mit Aleppo doch etwas gemeinsam: beide Städte repräsentierten für mich eine andere Welt, eine Welt der Kunst, der Bücher und Bilder.
»Smyrna ist eine sehr schöne Stadt«, sagte ich zu meinem Begleiter.
»Die schönste Stadt der Türkei – und auch die fortschrittlichste und kultivierteste.«
»Wie kommt das?«
»Es kommt daher, daß der Großteil der Bevölkerung Christen sind – Griechen, Armenier, Europäer. Der Einfluß der Türken ist sehr gering. Fast die gesamte Wirtschaft, Handel und Industrie, ebenso wie alle kulturellen Belange, sind in unseren Händen. Das ist der Grund, warum es die Türken das treulose Smyrna nennen.«
»Aber wo sind die Türken? Ich meine, wo wohnen sie?«
»Der Hügel dort drüben, das ist die türkische Gemeinde.«

Überall im weiten Umkreis, wo der Blick ins Unendliche schweifen konnte, war eine riesige Wasserfläche. Noch nie in meinem Leben hatte ich etwas Ähnliches gesehen.
»Ist das der Ozean?« fragte ich.
»Ja, das Mittelmeer, wie man es nennt – das herrlichste Meer auf der ganzen Welt.«
Wir waren bei einem großen Gebäudekomplex angelangt, im Vorhof stand ein sprudelnder Springbrunnen.
»Da sind wir!« sagte mein Begleiter.
»*Das* ist das Spital?«
»Es ist nicht bloß ein Spital. Das Gebäude beherbergt außerdem eine Kirche, ein Altersheim und ein Irrenhaus.«
»Und das alles ist nur für Armenier?«
»Ja, es ist eine Stiftung der Spartalischen Bruderschaft. Drinnen in der Halle kannst du ihre Büsten sehen.«
Nach der Aufnahme schickte man mich zuerst zum Verbinden in den Bandageraum hinauf. Dann wurde ich im Rollstuhl in das Zimmer gebracht, das für die nächsten zehn Monate mein Zuhause sein sollte. Es enthielt zweiunddreißig Betten, und die Patienten waren Frauen jeden Alters. Ich war die einzige Halbwüchsige unter ihnen.
Ich mußte zu Tode erschöpft gewesen sein, denn ich schlief, kaum daß ich im Bett war, und schlief fast zwei Tage und zwei Nächte. Wenn ich zwischendurch einmal kurz zu mir kam, fiel mir ein, daß Tante Lousapere hier in Smyrna wohnte und Hrpsime da in einem Waisenhaus war, und zwischen Schlafen und Wachen dachte ich, daß ich irgendwie ihre Adresse ausfindig machen mußte.
Am dritten Tag setzte ich mich zum erstenmal im Bett auf. Ich spürte, daß irgend etwas anders war – nicht nur in mir, sondern ringsum im Zimmer.
»Heute ist Sonntag«, sagte die Frau im Nebenbett. »Ich fürchte, heute wirst du nicht zum Schlafen kommen, es ist nämlich Besuchstag.«
Ich beobachtete die Leute, die kamen und gingen. Ich war fasziniert von ihren Kleidern und den verschiedenen Akzenten, die sie sprachen. Plötzlich erkannte ich Tante

Lousapere. Sie guckte zur Tür herein und ließ den Blick von einem Bett zum anderen wandern. Ich hob die Hand, um ihr zuzuwinken, und in demselben Moment fiel ihr Blick auf mich – aber zu meiner Verwunderung regte sich nichts in ihrem Gesicht, und ihre Augen wanderten weiter.

»Tante Lousapere! Tante Lousapere!« rief ich und fuchtelte mit beiden Armen.

Meine Stimme war nicht laut genug, um das Geschnatter im Raum zu übertönen. Aber bereits im Begriff zu gehen, riskierte sie einen letzten Blick und bemerkte mich.

Sie kam zu meinem Bett, starrte mich an, kniff die Augen zusammen, und ein ernster, ratloser Ausdruck trat in ihr Gesicht.

»Tante Lousapere!«

»O Veron – bist du's?«

Wir fielen uns um den Hals und weinten. Es gab so viel zu sagen, daß wir überhaupt nichts sagen konnten. Sie trocknete sich die Tränen, dann trocknete sie meine, und dann weinten wir wieder.

»Wir beide leben – aber was ist mit all den anderen?«

»O Tante Lousapere, versprich mir, daß du das nie wieder sagst. Ich kann einfach nicht mehr daran denken. Erzähle, wie hast du mich gefunden? Wie hast du erfahren, daß ich hier bin?«

»Donnerstag nacht hatte ich einen Traum...«

»Das war die Nacht, in der ich geflüchtet bin...«

»Ja, also in dieser Nacht kam im Traum deine Mutter zu mir und sagte: ›Lousapere, der Apfel, den ich in der Tasche mitgetragen habe, ist in den Strom gefallen – schnell, lauf, und hole ihn zurück, bevor er davonschwimmt! Ich rannte sogleich los und fischte den Apfel heraus und hielt ihn deiner Mutter hin, und als sie ihn in meiner Hand sah, da lächelte sie. – Tja, und als ich in der Früh erwachte, ging ich zu meiner Nachbarin hinüber, die von solchen Sachen mehr versteht als ich, und sie sagte zu mir: ›Apfel bedeutet im Traum Seele‹, also wußte ich nun, daß es sich um dich handelte und daß du verletzt und in Gefahr und zugleich in meiner Reichweite sein mußtest. Meine Nachbarin sagte: ›Geh schnell zur Diözese. Wenn irgend jemand über neu eingetroffene Flüchtlinge Bescheid weiß, so ist es der Erzbischof.‹ So habe ich dich gefunden.«

»Meine Mutter kümmert sich noch immer um mich, nicht wahr, Tante Lousapere?«

»Ja, mein Liebling, so gut sie nur kann. Sie war mir die beste Freundin, die ich je im Leben hatte, und ich habe dich stets wie meine Tochter geliebt. Und deshalb ist sie mir in dem Moment erschienen, als du mich brauchtest. Du sollst nie, nie wieder allein sein. Ich werde immer für dich dasein. Der Erzbischof hat mir gesagt, deine Wunde sei sehr schlimm, und du würdest wahrscheinlich sehr lange hier bleiben müssen.«

»Ich weiß nicht – ich hoffe nicht. Wie geht es Hrpsime? Kann sie mich einmal besuchen kommen?«

»Ich bringe sie nächsten Sonntag mit.«

»Ist sie noch im Waisenhaus?«

»Vorläufig ja. Das Ganze ist irgendwie ein Kompromiß, so schmerzlich es für uns beide auch ist. Aber ich muß für das bißchen Geld, das ich verdiene, sehr hart arbeiten – und sie kann auf diese Weise wenigstens zur Schule gehen.«

»O Tante Lousapere, ich bin ja so glücklich, daß du mich gefunden hast. Du und Hrpsime, ihr habt mir so sehr gefehlt.«

»Weißt du, Veron, ich erkenne dich noch immer nicht wieder. Du bist wie ein vollkommen neuer Mensch für mich, außer daß du deiner Mutter ähnlich siehst. Du warst ein Kind, als wir uns zuletzt gesehen haben.«

»Ich bin jetzt dreizehn.«

»Und so erwachsen.«

Ich war so glücklich wie schon lange nicht. Zwar hatte ich Sehnsucht nach Großmama, nicht aber nach Azizya. Ich

wollte Azizya nie mehr wiedersehen. Ich wünschte, ich wäre nie dorthin zurückgekehrt, so daß mir das Bild, das ich aus meiner Kindheit kannte, unversehrt erhalten geblieben wäre. Und natürlich wollte ich auch diese scheußliche Wunde nicht haben.
Tante Lousapere besuchte mich jeden Sonntag, und jedesmal brachte sie mir etwas mit – Obst oder Süßigkeiten oder ein Buch. Es war wundervoll, Hrpsime wiederzusehen, ungeachtet dessen, daß wir grundverschieden voneinander waren. Wie zwei ungleiche Schwestern – aber doch Schwestern. Sie war sehr ungern im Waisenhaus und konnte nicht verstehen, daß für mich das Waisenhaus in Aleppo fast so etwas wie eine Heimat gewesen war.
Im Krankenhaus nannten mich alle bald die kleine Heldin. Ich war die Jüngste in unserer Abteilung, und die Geschichte meiner ungewöhnlichen Flucht beeindruckte alle sehr. Sobald ich aufstehen und etwas herumgehen konnte, machte es mir Spaß, mich ein wenig nützlich zu machen und anderen, die das Bett nicht verlassen konnten, zu helfen. Auf diese Weise verging die Zeit etwas schneller. Es gab keinen Aufenthaltsraum, und die Tage waren lang. Die Frauen waren alle sehr nett zu mir. Wir waren wie eine Familie, und es war nicht schwer zu erraten, daß sie alle ähnliches mitgemacht hatten, da niemand über die Vergangenheit reden wollte.
Sonntags ging ich in die Kirche, und am Nachmittag besuchte mich Tante Lousapere. Aber die ganze übrige Woche wollte kein Ende nehmen.
Meine Wunde hatte eine sehr häßliche Narbe hinterlassen, und mir wurde schlecht, als der Verband abgenommen wurde und ich sie zum ersten Mal sah. Es schien, als wäre sie gar nicht verheilt, und wirkte eher wie eingetrocknetes rohes Fleisch. Der Arzt sagte, wenn wir in Amerika wären, hätte man eine Hautverpflanzung durchgeführt, aber wir seien eben nicht in Amerika, sondern in der Türkei, und noch dazu im Krieg.
»Trotzdem bist du jetzt so gut wie gesund. Du wirst das

Bein noch ein paar Wochen schonen müssen, aber dann kannst du vergessen, daß es je geschehen ist.«
»Das werde ich nie vergessen.«
»Vielleicht. Aber du kannst vergessen, Mitleid mit dir selbst zu haben.«
»Ich habe kein Selbstmitleid«, sagte ich beschämt, weil ich mir tatsächlich leid getan hatte.
»Nun, was meinst du – möchtest du das Spital verlassen?«
»Ach, Herr Doktor, kann ich? Kann ich wirklich?«
»Ich werde mir das Bein in einer Woche noch einmal anschauen, dann können wir dich, glaube ich, entlassen.«
Ich ging, so schnell ich konnte, in unser Zimmer zurück, um die gute Nachricht mit meiner Krankenhausfamilie zu teilen. Sie freuten sich für mich und waren auch ein wenig traurig, weil ich sie nun bald verlassen würde. Es schien, als würde ich immerzu Abschied nehmen – doch mit jedem Mal war es hinterher ein bißchen besser gekommen.

18

1922

Wieder einmal saß ich im Wagen. Mir zur Seite meine Lieblingskrankenschwester, Christina Gundjian, die sich persönlich überzeugen wollte, daß ich dem Erzbischof wohlbehalten übergeben wurde.
Ich küßte dem Erzbischof die Hand und sagte ihm, daß ich jetzt gesund sei, und dankte ihm für all seine Hilfe. »Ich möchte ins Waisenhaus, wie Sie es mir versprochen haben, und wieder zur Schule gehen.«
»Ja, natürlich, mein Kind.«
»Ihr Spitzname im Spital war kleine Heldin«, teilte Christina dem Erzbischof mit.
»Das überrascht mich nicht. Der Tapferkeit, wie Veron sie

bewiesen hat, ist es zu verdanken, daß unser Volk bis jetzt überlebt hat.« Er übergab Christina ein Schreiben und fügte hinzu: »Sorgen Sie dafür, daß unsere kleine Heldin im Waisenhaus gut aufgenommen wird. Gott sei mit euch beiden.«

Sobald ich mich im Waisenhaus eingerichtet hatte, machte ich mich auf die Suche nach Hrpsime.

»Nun wird es gar nicht mehr so schlimm sein, jetzt, wo du da bist«, sagte meine Kusine, als ich sie gefunden hatte und wir für uns allein waren. »Mama kann uns beide besuchen, und wir können zusammen zur Schule und in die Kirche gehen ...«

»Ist denn die Schule nicht hier im Haus?«

»O nein! Wir gehen in die armenische Schule in der Stadt. In der Früh marschieren wir geschlossen hin und am Abend wieder zurück. Es ist alles ganz zentral. Auch das Haus, in dem Mama wohnt, ist nicht weit von hier. Man kann überallhin zu Fuß gehen. Ist Smyrna nicht schön, Veron?«

»O ja! So ganz anders als Azizya oder Afyon.«

»Die Menschen allerdings auch. Sie sind schrecklich patzig und eingebildet und glauben wohl, etwas Besseres zu sein als die Leute auf dem Land.«

»Und wenn schon. Hauptsache, wir haben einander wiedergefunden. Nichts auf der Welt kann uns jetzt noch etwas anhaben.«

Es war Winter, aber zum Unterschied von Azizya war es hier sehr mild. Hrpsime sagte, in Smyrna sei immer Sommer, mit Ausnahme von zwei bis drei etwas kühleren Wintermonaten, aber wirklich kalt würde es nie, und Schnee gäbe es hier überhaupt nicht.

Ich hörte auf, über die Vergangenheit oder die Zukunft nachzudenken. Tante Lousapere sagte, ich hätte ein glückliches Naturell, denn es sei das reinste Wunder, daß ich ohne Bitternis und Verhärtung aus den Massakern hervorgegangen sei. »Wir haben einen schönen Platz zum Leben gefunden«, sagte sie oft, »und irgendwann einmal werden wir alle wieder unter einem Dach zusammen wohnen, wie einst in Azizya.« Meinen Traum, aufs College zu gehen, hatte ich noch nicht aufgegeben, obwohl ich nur selten daran dachte.

Eines Nachmittags, kurz vor dem Abendessen, kam Hrpsime im Schulhof auf mich zugelaufen. Sie war völlig außer sich, von hysterischem Weinen geschüttelt, so daß ich ihre undeutlich und viel zu schnell ausgestoßenen Worte nicht verstehen konnte.

»Bitte, Hrpsime, langsam, schön der Reihe nach...«

»Da ist eine Witwe, und, und... sie nennt sich Madame Bosdanjian... sie möchte ein älteres Mädchen adoptieren, und sie ist sehr reich...«

»Komm schon zur Sache!«

»O Veron, sie geben dich weg! Sie wird dich zu sich nehmen! Die Hausmutter hat gesagt, ich soll gehen und dich suchen...«

Zuerst weigerte ich mich, es zu glauben. Dann brach ich in Tränen aus. Ich wollte das nicht – wollte nicht, daß man mich meiner Familie, der einzigen, die mir verblieben war, wieder entriß. Es war grausam und ungerecht – und das nach nur zwei glücklichen Monaten.

»O Hrpsime, was soll ich tun?«

»Hab keine Angst, Veron, Mama wird dir helfen.«

»Aber wie denn? Sie kann nicht einmal für dich sorgen...«

»Ich laufe heim und sage Mama Bescheid, jetzt gleich.«

Hrpsime rannte los. Währenddessen ging ich langsam zum Waisenhaus und in das Verwaltungsbüro. Ich wurde Madame Bosdanjian vorgestellt, und man sagte ihr, sie könne morgen wiederkommen und mich abholen. Als sie gegangen war, erinnerte mich die Hausmutter daran, daß das Waisenhaus sehr arm sei und daß sie verpflichtet seien, die älteren und zuletzt aufgenommenen Mädchen zuerst zur Adoption freizugeben. Es täte ihr sehr leid, daß mir der Abschied so schwer fiel, aber sie wisse, daß mich ein schönes Zuhause erwarte.

Ich ging in den Schlafsaal und legte mich auf mein Bett. Bald darauf kam Hrpsime zurück. Sie grinste übers ganze Gesicht, so daß ich dachte, das kann doch wohl nicht für mich bestimmt sein.
»Mama läßt dir ausrichten, du sollst unbesorgt sein. Sie wird einen Weg finden, dich zurückzuholen. Du mußt nur etwas Geduld haben. Sie wird nie, nie zulassen, daß du zu fremden Leuten kommst. Das hat sie gesagt.«
Ich versuchte, mich an den Strohhalm der Hoffnung zu klammern, aber ich sah einfach keinen Ausweg.
»Sei tapfer, Veron. Du hast noch immer Glück gehabt, oder nicht?«
»Ja, schon ...«
Madame Bosdanjian kam am nächsten Tag und nahm mich mit in ihr Haus am Stadtrand von Smyrna. Sie war ganz in Schwarz und trug auch noch einen schwarzen Schleier. Ihr Mann war vor kurzem gestorben. Sie wohnte in einem großen zweigeschossigen Haus, das elegant und sehr teuer eingerichtet war. Sie hatte zwei kleine Jungen und keine Tochter. Auf ihre Art versuchte sie nett zu mir zu sein; aber die Jungen waren verwöhnt und verzogen, und im Handumdrehen hatte ich sie auf dem Hals. Madame Bosdanjian war sehr pedantisch, was das Haus und den Haushalt betraf, und kannte nichts als Regeln und Gebote. Hrpsime hatte recht: diese Leute waren eingebildet und aufgeblasen. Und es bestand kein Zweifel, daß mich Madame Bosdanjian nicht aus Liebe adoptiert, sondern als billige Arbeitskraft angenommen hatte. Meine einzige Hoffnung war, daß Tante Lousapere ihr Versprechen wahrmachen würde. Aber die Tage vergingen, und nachdem zwei Wochen verstrichen waren, ohne daß sie etwas von sich hören ließ, schwand auch mein letztes Fünkchen Hoffnung.
Eines Tages, als ich mitten im Hausputz war und dabei zufällig einen Blick durchs Fenster warf – was sah ich? Niemand anders als Tante Lousapere kam da schwungvoll auf dem Gehsteig entlang daher, derart elegant gekleidet und aufgeputzt, wie ich sie noch nie gesehen hatte. Ich

lachte vor Überraschung laut auf und rannte in die Küche, um zu lauschen.
Madame Bosdanjian öffnete ihr die Tür, und nach Austausch der üblichen Höflichkeitsfloskeln erklärte ihr Tante Lousapere den Grund ihres Kommens.
Sie sagte, sie sei im höchsten Maße befremdet, über die Adoption nicht in Kenntnis gesetzt worden zu sein, um so mehr, als ihre Nichte keine Waise sei, sondern noch eine Großmutter habe, die einer der wohlhabendsten Familien in Azizya angehörte. Und nun, wo die Straßen wieder offen seien (das war natürlich pure Lüge), sei meine Großmutter bereits nach Smyrna unterwegs, um ihre Enkelin heimzuholen. Sie selbst sei gekommen, um mich auf der Stelle mitzunehmen, da meine Großmutter noch heute abend oder spätestens morgen früh eintreffen werde.
Madame Bosdanjian gab sich zugleich verständnisvoll und schuldbewußt und versicherte meiner Tante, sie habe in völliger Unkenntnis dieser Tatsache gehandelt. Sie ließ mich rufen und fragte mich, warum ich ihr nichts von meiner Großmutter erzählt habe und wie ich denn nur habe zulassen können, daß ein so schlechtes Licht auf ihren guten Namen falle. Nachdem der Entschuldigungen Genüge getan und Kaffee und Kuchen serviert worden waren, brachen wir auf. Madame Bosdanjian bestand darauf, daß ihr Kutscher uns im Wagen heimbrachte.

»Nun, Veron«, sagte meine Tante, als wir wohlbehalten in ihrem Zweizimmerappartement angelangt waren, »es sieht so aus, als ob du von jetzt an hier bei mir wohnen würdest.«
»O Tante Lousapere, ich habe schon geglaubt, du kommst nicht mehr.«
»Ich mußte sehr vorsichtig vorgehen, sie hätte leicht mißtrauisch werden und zu den Behörden rennen können. Und dann mußte ich mir eine Extraarbeit verschaffen, damit ich mir diese verrückten Sachen kaufen konnte.«

Da brachen wir beide in schallendes Gelächter aus und lachten, daß uns die Tränen über die Wangen liefen.
Ich war so froh, bei Tante Lousapere zu sein, daß ich alles andere gerne in Kauf nahm. Denn die Schule mußte ich jetzt natürlich vergessen. Und zudem hörten wir nichts von Großmama. Gewisse Dinge hatten ihren Stellenwert verloren, doch wurden sie durch neue ersetzt, so daß ich nie das Gefühl hatte, vom Schicksal betrogen worden zu sein. Im Gegenteil, ich war dankbar, daß ich als freier Mensch bei meiner Tante wohnen durfte. Und ich war dankbar, daß ich am Leben war.
Es ging auf Ostern zu, und Tante Lousapere sagte, wir müßten uns einfach irgend etwas Schönes einfallen lassen, weil Ostern doch immer so eine große und wichtige Zeit für uns gewesen war.
»Was wünschst du dir mehr als irgendwas?« fragte sie mich. »Ich möchte dir zu Ostern eine Freude machen.«
»Ein Kleid«, antwortete ich, ohne lange nachzudenken. »Ich hätte schrecklich gern ein schönes Kleid.«
»Einverstanden.«
Gleich am nächsten Samstag gingen wir zusammen in die Stadt und suchten einen Stoff, der mir gefiel. Natürlich wählte ich etwas in Hellblau aus, weil Blau meine Lieblingsfarbe war, und außerdem paßte es gut zu Ostern, fand ich. Tante Lousapere schlug eine Machart vor, die mir sicher gefallen würde. »Es ist genau, was alle jungen Mädchen deines Alters in Smyrna jetzt tragen«, meinte sie lächelnd.
Als Hrpsime am Sonntagmorgen aus dem Waisenhaus zu Besuch kam und das zugeschnittene Kleid sah, war sie Feuer und Flamme, so daß ihre Mutter versprach, ihr auch so ein Kleid zu nähen.
»Die gleiche Farbe und den gleichen Schnitt! Ich muß einfach genau das gleiche haben. Das ist das Hübscheste, was ich je gesehen habe – und diese Farbe...«
Am folgenden Samstag gingen Tante Lousapere und ich von Geschäft zu Geschäft, aber nirgends war irgendein

hellblauer Stoff auf Lager. »Die Nachfrage war einfach zu groß«, erklärte man uns. »Alle hübschen jungen Damen wollen zu Ostern Blau tragen.«
Hrpsime war schrecklich enttäuscht, als wir sie am nächsten Tag mit dieser betrüblichen Nachricht empfingen. So furchtbar enttäuscht, daß ich sagte, Hrpsime könne mein Kleid bekommen, und ihre Mutter solle mir dafür eines in Gelb nähen. Tante Lousapere wollte zuerst nichts davon hören. Aber vor dem Schlafengehen nahm ich ihr das Versprechen ab, dem Tausch zuzustimmen.

19

1922

Tante Lousapere hatte sich beizeiten um eine Anstellung umgesehen, die ihr regelmäßig etwas mehr Geld einbrachte als das Nähen. Sie war Aufseherin auf einer Tabakplantage. Smyrna war für seinen Tabak und seinen Obstreichtum berühmt, vor allem Feigen, die exportiert, und Weintrauben, aus denen die berühmten türkischen Weine erzeugt wurden. Tante Lousapere hatte auch mir Arbeit auf der Plantage verschafft und vereinbart, daß ich gleich nach Ostern damit beginnen konnte. Zum ersten Mal in meinem Leben verdiente ich nun bares Geld. Wir gingen am Morgen zusammen zur Arbeit und am Abend zusammen heim. Freitags bekamen wir unseren Lohn ausbezahlt, den ich an meine Tante ablieferte, die unsere sämtlichen Ausgaben bestritt. Ich wurde langsam erwachsen und fing an, einige Freuden und Annehmlichkeiten des Lebens für mich zu entdecken. Smyrna war nicht nur eine schöne, sondern auch lebendige und heitere Stadt. Es wimmelte in ihr von Menschen unterschiedlichsten Typs und verschiedener Nationalitäten. Ich hatte bisher nur ganz selten Europäer gesehen, nur einige wenige in Aleppo, aber in Smyrna prägten sie das Straßenbild so selbstverständlich wie die Armenier, Türken und Griechen, die wir seit alters her zu unserer orientalischen Völkerfamilie zählten.

Am Abend gingen wir öfters zum Kai hinunter und schlenderten am Ufer entlang, vorbei an den überfüllten Kaffeehäusern, aus denen Musik herausklang. Manchmal besuchten wir eines und tranken Kaffee, doch eigentlich genügte es uns vollkommen, am Kai auf und ab zu spazieren, wie alle es taten. Es war faszinierend und beglückend – beglückend, frei atmen zu können, frei von Erwartung und frei von Angst. Oft sagte ich zu meiner Tante, wenn wir von der Arbeit heimkamen: »Essen wir doch nur eine Kleinigkeit, etwas Käse und ein paar Oliven, und gehen wir noch ein bißchen an den Kai – bitte.« Hin und wieder bekam ich meinen Willen; aber meistens bestand sie wochentags darauf, daß wir ein warmes Essen zu uns nahmen. Dann kochten wir gemeinsam unsere Mahlzeit, und wenn wir endlich das Geschirr abgewaschen hatten, war es zu spät, und wir waren auch zu müde, um noch auszugehen. Aber jeden Samstag und Sonntag, nach dem Besuch bei Hrpsime, gingen wir an den Kai.

So verging die Zeit. Es dauerte nicht lange, und ich schloß Freundschaften, sowohl bei der Arbeit als auch unter den Mädchen in unserer Nachbarschaft. Wir flanierten auf der Promenade, wo sich die jungen Leute ihre Freizeit vertrieben. Tante Lousapere gab mir ein paar Groschen, damit ich mir Kürbiskerne kaufen konnte. Im Dahinschlendern knackten und knabberten wir die Kerne und flirteten mit den Jungen, denen wir begegneten. Sie hatten keinerlei Ähnlichkeit mit den Jungen daheim, sie wußten, wie man mit Mädchen reden mußte. Sie waren kein bißchen schüchtern, befangen oder linkisch – und hatten freilich in ihrem Leben noch kein wirkliches Leid und keine Armut erfahren. Wir plauderten ein wenig oder riefen uns nur im

Vorbeigehen scherzhafte Worte zu. Das war unser ganzes Vergnügen.
Aber das Glück war nicht von langer Dauer. In den letzten Augusttagen des Jahres 1922 begann sich das Gerücht zu verbreiten, daß Afyonkarahisar von den Türken zurückerobert worden sei. Die geschlagenen griechischen Truppen hatten den Rückzug in Richtung Smyrna angetreten, steckten unterwegs alle Dörfer in Brand und sammelten die restlichen Überlebenden der christlichen Bevölkerung ein. Am 1. September trafen die ersten Transporte in Smyrna ein: in Güterwagen und Lastwagen, die schließlich von Beförderungsmitteln jeglicher Art – Pferden, Maultieren, Ochsenkarren, Kamelen – abgelöst wurden. Der Rest kam zu Fuß. Es hatte seit Mai nicht mehr geregnet, und der Staub auf Uniformen und Zivilkleidung trug noch ein übriges zu dem trostlosen, geschlagenen Eindruck bei, den sie erweckten. Alles strebte ans Meer und zu den Schiffen, in der Hoffnung, eines würde sie aufnehmen und in Sicherheit bringen. Bis zum 5. September war die tägliche Zahl der eintreffenden Flüchtlinge auf dreißigtausend angewachsen. Die meisten schleppten sich zu Fuß daher, die Kindf dem Rücken und ihre Lasttiere im Schlepptau, er auhoch bepackt mit Hausrat und allem, was sie sonst noch hatten retten können. Es war ein bedauernswerter, verzweifelter Haufen. Und als ich dem Zug dieser Unglücklichen auf ihrem Weg zum Kai hinunter nachblickte, wo sie ihre Lasten abluden und ihren erschöpften Leibern eine Rast gönnten, ahnte ich nicht, daß nicht allzu viele Tage vergehen sollten, bis auch ich ihrer Zahl zuzuzählen sein würde. Dies war der Zeitpunkt, wo George Horton, der amerikanische Generalkonsul in Smyrna, seine Regierung aufforderte, zwischen der Türkei und Griechenland zu vermitteln. Doch Amerika lehnte ab. Statt dessen schickte es Zerstörer, um den im Land befindlichen Amerikanern Schutz an Leib und Eigentum zu gewähren. Von all dem hatten wir im fraglichen Moment keine Ahnung. Aber am folgenden Tag standen der griechische Generalstab und die

gesamte griechische Zivilverwaltung mit gepackten Koffern zur Flucht aus Smyrna bereit. Die Stadt steuerte hysterischem Wahnsinn entgegen. An demselben Tag berichteten die lokalen Zeitungen, daß sich derzeit zweihunderttausend stadtansässige Christen sowie eine gleich große Anzahl heimatloser Flüchtlinge in Smyrna befänden, die alle das Schlimmste zu befürchten hätten.

Am 8. September gab der griechische Hochkommissar bekannt, daß die griechische Verwaltung um zehn Uhr nachts Ortszeit aufhören werde zu existieren. Das gesamte öffentliche Leben stand still. Tödliche Ruhe breitete sich über die Stadt. Es war eine mondhelle Nacht. Niemand und nichts ließ sich blicken, nicht einmal Plünderer oder vereinzelte Fußgänger. Die Griechen hatten die Stadt verlassen.

Jedermann sagte: »Kemal kommt! Kemal kommt!« Gemeint war der Nationalistenführer Mustafa Kemal (Atatürk), zu diesem Zeitpunkt Vorsitzender der Großen Nationalversammlung, ein Jahr später türkischer Staatspräsident. Und alle fragten sich, was er wohl tun würde, wenn er käme. »Unsere Wahl«, sagte Tante Lousapere, »wird lauten: entweder Exil – oder Tod.«

Der türkische Stadtteil, nach drei Jahren Schweigen, in denen die Griechen das Sagen hatten, war nun bis an die Zähne bewaffnet. Die Männer trugen rote Fahnen mit Stern und Halbmond sowie Bilder Mustafa Kemals durch die Straßen.

Ein Aufschrei ging durch das armenische Viertel. Wie ein Lauffeuer verbreitete sich die Nachricht, wir sollten in der armenischen Kirche St. Georg Zuflucht suchen. Diese Kirche, von der Spartalischen Bruderschaft – wohl für eine Gelegenheit wie diese – als Wehrkirche erbaut, war dieselbe, in der ich während meines Spitalaufenthaltes oft gebetet hatte. Das Eisentor in der Umfriedungsmauer sei unbezwingbar, so hieß es, und außer mit Kanonenfeuer nicht zu durchbrechen.

Nicht weniger als fünftausend, unter ihnen Tante Lousapere und ich, drängten sich in die Kirche und überfluteten schließlich den Innenhof, wo bewaffnete junge Männer für den Fall eines Angriffs zur Verteidigung postiert waren. Der Spitalsbetrieb lief einigermaßen ungestört weiter. Doch teilte man uns mit, daß der Vorrat an Lebensmitteln und Medikamenten sehr begrenzt sei.

Am 16. September, einem Samstag, traf die Vorhut der türkischen Truppen ein, gefolgt von Kemal und seiner Wagenkolonne am Sonntag. Obwohl wir seit Samstag früh in unserem hermetisch abgeriegelten Versteck waren, sickerten dennoch irgendwie von draußen die neuesten Nachrichten durch, und wir erfuhren, daß Kemal am Sonntag abend mit seinen Beratern zusammentraf, um über das Schicksal der Armenier zu entscheiden. Vor Montag früh hatte ein Kordon türkischer Soldaten das armenische Viertel umstellt. Ein öffentlicher Ausrufer wurde ausgesandt, um eventuelle türkische Bewohner aufzufordern, das armenische Viertel auf der Stelle zu verlassen. Am Nachmittag wurde eine Proklamation verbreitet, die jedem verbot, Armenier zu beherbergen. Das Morden der Armenier und Griechen begann.

Montag in aller Früh begannen türkische Soldaten das Kirchentor zu belagern und verlangten Einlaß. Wir hatten von Anfang an die Weisung befolgt, uns so ruhig wie möglich zu verhalten. Wir murmelten Gebete und sprachen, wenn überhaupt, so nur im Flüsterton. Jeder von uns hatte in einem Bündel das Notwendigste mitgebracht, aber unsere Lebensmittel waren bald erschöpft. Wir zweifelten nicht, daß die Türken trotz unseres unauffälligen Verhaltens über unseren Zufluchtsort Bescheid wußten. Mindestens zweimal täglich kam eine Abordnung an das Tor, rief wüste Beschimpfungen und versicherte, sie würden uns gnadenlos hinschlachten, sobald sie das Tor gestürmt hätten.

Am Dienstag, als sich der Wind gedreht hatte und aus der Richtung der Moslemviertel blies, begannen die Türken Feuer an die armenischen Häuser zu legen. Die Straßen, die in das armenische Viertel führten, wurden von türkischen Soldaten bewacht, die niemanden durchließen, während drinnen die Plünderungen, das Blutbad und die Verwüstungen ihren Lauf nahmen. Nicht lange, und die Feuerwehr von Smyrna rückte aus, um das Feuer auf den armenischen Stadtteil einzugrenzen, aber das war ein hoffnungsloses Unterfangen, denn die Brände wurden schneller gelegt, als sie gelöscht werden konnten.

Im Spital wurden die Vorräte an Lebensmitteln und Medikamenten bedrohlich knapp. Unsere Sorge galt gleichermaßen der Situation innerhalb und außerhalb der Mauern. Wir mußten dringend in Erfahrung bringen, ob es irgend jemanden gab, der an unserer Rettung interessiert war und ob einige Schiffe im Hafen willens waren, uns in Sicherheit zu bringen. Außer vor Feuer – die Kirche war ganz aus Stein erbaut – waren wir vor nichts sicher. Christina Gundjian, die Krankenschwester, die mich nach meiner Genesung zum Erzbischof begleitet hatte, erbot sich freiwillig, Hilfe zu holen. Eine Welle der Hoffnung und Erregung erfaßte uns, als wir hörten, sie habe dem Oberarzt, Dr. Minasius, und seinem Stab ihren Plan unterbreitet. Da sie Französisch sprach, beschloß man, sie als Rotkreuzschwester hinauszuschleusen.

Hinterher, als sie von ihrer Mission zurückkam, brauchten wir eine Weile, um die Bruchstücke ihrer Geschichte zu einem zusammenhängenden Bild zu fügen. Folgendes war geschehen:

Bevor sie noch einen halben Häuserblock zurückgelegt hatte, wurde sie von türkischen Soldaten angehalten. Es war nicht schwer, die Soldaten von ihrer Identität als Rotkreuzschwester zu überzeugen, und sie ließen sie passieren. Dr. Minasian hatte ihr geraten, zur Diözese zu gehen und den Erzbischof um Hilfe zu bitten. Vielleicht würde es ihm gelingen, die Amerikaner, Briten oder Franzosen zu einer Rettungsaktion zu bewegen. Als sie die Kirche betrat, traf sie dort nur Hovannes, den Kirchendiener, an. Von ihm erfuhr sie, daß der griechische

Erzbischof Chrysostomus brutal ermordet worden, und der armenische Erzbischof Tourian geflohen sei. Die beiden Erzbischöfe hatten gemeinsam ein Telegramm an den Erzbischof von Canterbury gesandt mit der Bitte, bei der britischen Regierung zu intervenieren, sie möge mit Kemal über einen Waffenstillstand verhandeln oder wenigstens darüber, den Schutz der christlichen Minderheiten zu garantieren. Doch dieses Telegramm war unbeantwortet geblieben.

Da die Diözese nun also machtlos war, versuchte Christina ihr Glück bei den auswärtigen Konsulaten. Im französischen Konsulat wurde sie glattweg abgewiesen; im amerikanischen, das im Theater am Kai untergebracht war, war man vollauf damit beschäftigt, die eigenen Leute zu evakuieren, und nahm sich kaum Zeit, sie anzuhören. Man riet ihr, zur YWCA (Young Women's Christian Association) zu gehen. Dort endlich, nach zwei erfolglosen Tagen, fanden ihre Bitten Gehör. Sie hatte das Glück, mit Dr. Post vom Internationalen Komitee vom Roten Kreuz zusammenzutreffen, der eben dabei war, die Verschiffung der Waisenkinder sicherzustellen. Sein Name war ihr von früheren Hilfsaktionen bereits bekannt. Dr. Post war vor kurzem aus Istanbul eingetroffen und sprach fließend Türkisch. Er nahm sich sofort unserer Sache an, und nachdem er einen General und vier amerikanische Matrosen, einschließlich eines Chauffeurs, zusammengetrommelt hatte, fuhren sie in einem Auto zur Kirche. Unsere Wachen ließen sie ein, nachdem Christina sich ihnen zu erkennen gegeben hatte. Als das Tor langsam, knarrend geöffnet wurde, tauchte wie aus dem Nichts ein Trupp türkischer Freischärler auf. Aber Dr. Post trat ihnen entgegen und machte ihnen überzeugend klar, daß seine Mission nur harmlosen, kranken Christen galt.

So wurden wir aus unserem selbstgewählten Gefängnis befreit.

1922

Tante Lousapere und ich waren im Hof, als Christina von draußen rief. Wir hörten den hitzigen Wortwechsel zwischen dem Doktor und den Freischärlern. Im nächsten Moment gingen die Worte in unserem entfesselten Aufschrei unter.

Wir drängten zum Tor, jetzt wieder beherrscht, so gut es ging, und schlossen hinter dem Automobil auf, mit diesem Schritt haltend, während es langsam in Richtung Kai durch die Straßen kurvte. Es mußte alle paar Meter anhalten und warten, daß die Leichen aus dem Weg geräumt wurden. Wir versuchten, den Atem anzuhalten, aber der Gestank ließ sich nicht aushalten, so daß wir mit Übelkeit kämpften und würgten. Auf einmal merkte ich, daß Tante Lousapere neben mir weinte.

»Was ist, Tantchen? Warum weinst du?«

»Das Feuer – ich habe solche Angst!«

»Aber warum? Das Feuer ist weit, und außerdem nähern wir uns dem Kai.«

»Als kleines Kind bin ich einmal ins Feuer geraten. Mein Bruder kam darin um, und beinahe wäre ich auch ... O Veron ...« Ihre Worte erstickten in hysterischem Schluchzen.

Ich wollte etwas Tröstliches sagen, aber mir fiel nichts ein.

»Der Geruch ist es«, sagte sie, als sie sich ein wenig beruhigt hatte.

»Ja, ich rieche es auch. Was ist das?«

»Brennendes – verbranntes – Fleisch. Sie müssen die Menschen lebendigen Leibes in ihren Häusern verbrennen.«

»Versuche, nicht daran zu denken, bitte ... Versuche, an etwas anderes zu denken.«

Natürlich wußte ich, daß sie die ganze Zeit auch an

Hrpsime dachte, genau wie ich. Aber wie in stillschweigender Übereinkunft behielten wir es beide für uns.
Während sich unser Zug durch die Straßen wälzte, gingen französische und amerikanische Militärs die Reihen auf und ab und fragten, ob sich Landsleute von ihnen unter uns befänden.
»Warum fragen sie nach Landsleuten?« rief ich.
»Alle anderen sind Unpersonen«, erklärte mir irgend jemand.
»Aber was heißt das?«
»Es heißt, daß sie nur daran interessiert sind, ihre eigenen Leute zu retten.«
Als ich mich umdrehte und dorthin zurückblickte, woher wir kamen, sah ich ein einziges Flammenmeer. Das Feuer schien dem Flüchtlingsstrom auf dem Fuße zu folgen, wälzte sich von den Hügeln herunter zum Meer, wohin all die Tausende drängten. Es wollte mir nicht in den Sinn, daß auch ich zu ihnen gehörte, ja daß dies wirklich geschah.
»Das alles wird verschwunden sein«, hörte ich jemanden sagen, »bevor der nächste Tag heraufzieht...« Die Worte gingen in dem Geschiebe und Gedränge unter, das nur ein Ziel kannte: das Meer und die Bucht, wo die zahllosen Schiffe lagen, schweigend, unbeteiligt.

Als wir den Kai erreichten, verloren wir unseren Geleitschutz aus den Augen. Da waren wir nun, unser fünftausend, und mußten zusehen, wie wir uns unter die etwa zwanzigtausend, die schon hier versammelt waren, verteilten. Wir versuchten uns so nahe wie möglich ans Wasser vorzuschieben und gleichzeitig den Soldaten auszuweichen, die sich durch die Menge drängten und am hellichten Tag raubten und plünderten und brutal zuschlugen, wenn ihnen jemand Widerstand entgegensetzte. Die französischen, amerikanischen und britischen Schiffe gaben durch keinen Wink zu verstehen, daß sie gewillt seien, Flüchtlinge an Bord zu nehmen. Die Italiener

hingegen forderten mit Zurufen und Gesten die Nächststehenden auf, ins Wasser zu springen und zu ihren kleinen Booten zu schwimmen. Weit mehr, als die Boote aufnehmen konnten, kamen der Aufforderung nach.
Endlich fanden wir einen Platz, wo wir uns niederlassen konnten, und als wir unsere Bündel abgesetzt hatten, legten wir uns, auf einmal völlig erschöpft, darauf. Gegen Sonnenuntergang beobachtete ich, wie eines der Schiffe aus dem Hafen dampfte. Mit Mühe gelang es mir, seinen Namen zu entziffern, indem ich ihn laut buchstabierte.
»Was hast du gesagt?« fragte meine Tante.
»*Simpson*«, antwortete ich. »Das amerikanische Schiff dort. Was der Name wohl bedeuten mag?«
Bald spürten wir die Hitze der Feuersbrunst, die sich mit rasender Schnelligkeit heranwälzte.
Und dann stockte uns das Blut in den Adern, als wir sahen, wie türkische Soldaten ein Stück weiter oben die Straßen blockierten und den Nachdrängenden den Fluchtweg abschnitten und niemanden mehr durchließen. Ein ganzer Schwarm, Männer, Frauen und Kinder, durchbrach die Blockade, ihre Kleider hatten schon Feuer gefangen, und verzweifelt kämpften sie, sich davon zu befreien. Einigen von ihnen gelang es, sich ins Meer zu stürzen, andere verbrannten lebendigen Leibes.
»Schau weg, Veron. Es ist ein Alptraum.«
Wegschauen – aber wohin? Ein mit Flüchtlingen überladenes Floß versuchte vom Ufer abzustoßen, als zwei türkische Soldaten es mit Benzin übergossen. Im nächsten Moment war das Floß eine lodernde Fackel. »Wir brennen! Wir brennen!« hörte ich von überall, wohin ich blickte.

Vor Einbruch der Nacht stand die ganze Stadt in Flammen. Auf einer Fläche von zweieinhalb Kilometer Länge und nicht mehr als dreihundert Meter Breite drängte sich eine halbe Million Menschen. Die Häuser stürzten in sich zusammen, das ohrenbetäubende Krachen mischte sich mit dem Heulen des Windes und dem Dröhnen der Gewehrsalven. Viele Männer und einige Frauen und Kinder schwammen zu den großen Schiffen hinaus, aber niemand außer den Italienern nahm sie auf. Unmenschen schütteten kochendes Wasser über die Planken. Man konnte den Dampf sehen, der von der Oberfläche aufstieg. Währenddessen wurde das Gedränge auf dem Kai lebensgefährlich. Unsere Gepäckbündel hatten wir längst verloren.

Da und dort stürzten sich Menschen ins Meer, sie waren mit ihren Nerven am Ende.

»Aus dieser Hölle gibt es kein Entrinnen«, hörte ich plötzlich meine Tante neben mir sagen. »Los, springen wir ins Meer, und sterben wir mit denen.«

Ich weigerte mich, auch nur daran zu denken. »Irgend etwas wird geschehen – es geschieht *immer* irgend etwas«, sagte ich, wenngleich meine Stimme nicht sehr fest klang. »Wir teilen unser Schicksal mit allen hier.«

»Aber welche Hoffnung bleibt uns denn?«

»Das darfst du nie, nie wieder sagen. Denk doch nur, was mit Hrpsime geschieht, wenn ... Ich bin sicher, daß sie lebt. Wir haben doch gehört, daß die Waisenhäuser rechtzeitig evakuiert worden sind. Was wird aus ihr, wenn du nicht mehr bist?« Das brachte sie zur Vernunft.

An Schlaf war natürlich nicht zu denken. Wir waren zu einer Masse zusammengeschmolzen, deren gemeinsame Substanz Angst war, unfähig, uns zu bewegen oder zu denken. Die türkischen Soldaten schossen auf jene, die sich schwimmend zu retten suchten. Wären die Häuser und Hotels, die die Uferpromenade säumten, eingestürzt, wären wir alle entweder verbrannt oder ertrunken. Aber wie durch ein Wunder widerstanden ihre Mauern und Fassaden dem Feuer, das sich bis zum Morgen selbst verzehrt hatte.

Der heraufziehende Tag war grau vom Rauch, und das Bersten von Holz und Gebälk war von den Gewehrschüssen nicht zu unterscheiden. Das Wehklagen und Angstge-

schrei der Menge hatte vorübergehend aufgehört. Ein neuer Tag begann, von dem niemand wußte, was er bringen würde. Hunderte Leichen trieben im Wasser, Soldaten und Polizisten, an ihren Uniformen zu erkennen, ebenso wie die verkohlten Leiber derer, die auf dem Floß gewesen waren.
Tante Lousapere gab mir ein Stück Zwieback. Ich nahm es, ohne zu fragen, woher sie es hatte. Mein Durst war soviel schlimmer als der Hunger, daß ich den Zwieback einen Moment lang bloß anstarrte, bevor ich anfing, daran zu knabbern.
So standen wir stundenlang; starr, erschöpft, in Ungewißheit, gegen alle Vernunft auf ein Wunder hoffend.
Am späten Nachmittag ging es wie ein Lauffeuer durch unsere Reihen. Die Frauen, Kinder und alten Männer würden in den Biergarten am Ende der Landzunge gebracht. Das Gedränge und Geschiebe begann von neuem. Dieser Biergarten war, da ganz exponiert und direkt am Wasser gelegen, vom Feuer verschont geblieben. Langsam, Schritt um Schritt schoben wir uns vorwärts. Die Aktion, im Auftrag Dr. Posts, wurde von Mönchen geleitet. Durch ein doppelflügeliges Tor gelangten wir schließlich in ein ummauertes Geviert, den Biergarten eben. Die Mönche, die uns hierhergeführt hatten, standen an die hölzernen Torflügel gelehnt und betrachteten uns voll Anteilnahme, während wir, ungefähr eintausend Menschen, an ihnen vorbei in den weiträumigen Hof strömten.
In der Reihenfolge unseres Eintreffens bildeten wir vor dem Brunnen im Hof eine Schlange, wo einer der Mönche jeden einzelnen mit einem Becher Wasser labte. Sobald unser Durst gestillt war, suchten wir uns einen Platz, wo wir uns dicht an dicht zum Schlafen niederlegen konnten. Am nächsten Tag wurden wir mit französischem Brot verpflegt. Eine große Familie erhielt einen ganzen Laib, eine kleinere Familie einen halben und Einzelpersonen je eine Schnitte. Mehr gab es nicht. Am späteren Nachmittag

wurden uns Decken zugeteilt. Es waren nicht genug, um für alle zu reichen, aber einigen war es gelungen, das eigene Gepäck zu retten, und so hatte fast jeder irgend etwas, um darauf zu schlafen. Innerhalb dieser Mauern waren wir einstweilen sicher, aber abgeschnitten, wie wir gleichzeitig waren, hatten wir keine Ahnung, was weiter mit uns geschehen sollte. Und so ging es tagelang. Tag für Tag beteten wir um ein Wunder.

Mit Ausnahme des morgendlichen Rufes »Brot ist da!«, der sich mit Windeseile innerhalb des Geländes ausbreitete, schien uns eine Decke des Schweigens einzuhüllen. Denn allzu schnell hatten wir das bißchen an Gerüchten und Spekulationen verzehrt und verdaut, das uns zur Nahrung diente.

Am siebenten Tag kamen französische oder amerikanische Matrosen – ich kannte den Unterschied nicht – und teilten uns mit, Weniselos habe ein Schiff geschickt, das unten am Kai auf uns wartete.

Wir waren gerettet. Doch waren wir zu müde, zu schmutzig und betäubt, um mehr als bloße Erleichterung zu empfinden. Langsam rappelten wir uns auf, kamen auf die Beine und formierten uns in Reihen. Im Schlepptau der Matrosen verließen wir den Biergarten. Wieder standen die Mönche am Tor, und diesmal wagten sie es, aufmunternd zu nicken.

Der Kai lag wie ausgestorben vor uns, verlassen, tot. Mit Ausnahme eines kleinen Trupps berittener Freischärler vor dem Hintergrund der verkohlten Ruinenstadt war niemand und nichts zu sehen. Das Ufer war mit Unrat übersät. Das Bild war erschreckend: die in Leblosigkeit erstarrte Hölle auf Erden.

Unser Schiff, ein schäbiger Tanker, erwartete uns. Wir atmeten auf – und waren wie elektrisiert. Eine Kraft, die außerhalb unserer Füße lag, schien uns wie einen einzigen Körper zu tragen: vorbei an den Türken und hinauf auf den altersschwachen Tanker, der unter unserem Gewicht

ächzte. Das Schiff stach sofort in See und pflügte sich unter Aufbietung aller Kräfte durch die ruhigen Gewässer. Wir starrten zurück auf die weißen und grauen Mauerskelette, aus denen sich da und dort noch ein dünner Rauchfaden kräuselte.
Die Matrosen brüllten über das Deck, wir sollten unser Gewicht gleichmäßig über die Länge und Breite des Schiffes verteilen, da wir sonst sinken würden. Die Gewichtsverteilung schien das Hauptanliegen des Kapitäns zu sein. Bald wurde es auch das unsere, weil uns erschreckend klar wurde, daß unser Kahn tatsächlich sinken würde, wenn wir die Befehle des Kapitäns nicht befolgten.

21

1922

Nach fünf bis sechs Stunden Fahrt erreichten wir die griechische Insel Lesbos, wo unser Tanker langsam auslief. Wir brachen in Hurrarufe aus – eine befreiende Entladung unserer aufgestauten Gefühle. Aber zu früh. Man verweigerte uns, an Land zu kommen, da die Insel schon mehr Flüchtlinge aufgenommen hatte, als es die Unterbringungs- und Verpflegungsmöglichkeiten zuließen.
Der Kapitän fluchte, und die Matrosen murrten. Doch was half's. Langsam drehten wir ab und nahmen wieder Fahrt auf, mit Kurs Richtung Süd.
Wir steuerten Samos an, wo man uns abermals abweisen wollte. Diesmal griff der Kapitän zu einer Finte. Er behauptete, sein Schiff sei leck und würde sinken, bevor es einen anderen Hafen erreichte.
»Das sind die unglücklichen, halb verhungerten und erschöpften Überlebenden von Smyrna. Wenn ihr euch ihrer nicht erbarmt, sind sie bald des Todes!«

Tatsächlich erwies sich die Bevölkerung der Insel als sehr liebenswürdig und gastfreundlich. Es waren Albaner. Die Männer trugen weiße Trikots und darüber weiße Faltenröcke, schwarze Westen und kleine schwarze runde Kappen sowie schwarze Quastenschuhe. Die Frauen waren mit langen dunklen Röcken, weißen Blusen, schwarzen Westen und Schürzen bekleidet und hatten zierliche Vierecktücher um den Kopf gelegt.
Nach Rücksprache mit dem Bürgermeister, der uns persönlich am Kai in Empfang nahm, wurden wir in Privathäusern untergebracht. Tante Lousapere und mich nahm ein älteres Ehepaar bei sich auf. Sie wohnten in einem der vielen weißverputzten Häuser der Insel. Es enthielt vier Zimmer, die hell und sauber und spärlich eingerichtet waren. Die Wände waren mit Bildern geschmückt, und als ich sie betrachtete, wurde mir bewußt, daß wir wieder in der Zivilisation waren. Jetzt endlich konnte ich glauben, daß wir gerettet waren und daß diese Insel der Sicherheit und des guten Willens den Anfang eines neuen Lebens für Tante Lousapere und mich bedeutete.
»Erst baden«, sagten unsere Gastgeber, »dann essen.«
Ihr Akzent klang fremdartig in meinen Ohren, so daß ich Mühe hatte, sie zu verstehen. Meine Tante konnte überhaupt kein Griechisch. So gut es ging, erklärten wir ihnen, wir seien Türkischgriechen, weil wir meinten, das würde sie mehr für uns einnehmen. Sie erwiesen sich jedoch als zwei so großzügige, bescheidene und einfache alte Leutchen, daß wir bald unsere Scheu verloren und überzeugt waren, unsere Herkunft, ob so oder so, machte für sie überhaupt keinen Unterschied.
Im Gefühl wohltuender Sauberkeit setzten wir uns zu Tisch. Es gab ein griechisches Gericht, einen Eintopf aus Gemüse und kleinen Fleischstückchen, das uns Leib und Seele erwärmte. Wir aßen schweigend, mit Tränen der Dankbarkeit in den Augen. Und dann schliefen wir beide, Tante Lousapere und ich, allein in einem Zimmer, in einem sauber bezogenen Bett und mit je einem eigenen

Kopfkissen. Am nächsten Tag wurde verlautbart, wegen der herrschenden Lebensmittelknappheit müßten wir Samos so bald wie möglich wieder verlassen. Meine Tante sprach zusammen mit einigen anderen Frauen beim Bürgermeister vor, und dieser organisierte ein Boot, das sie nach Piräus, der Hafenstadt bei Athen, bringen sollte. Morgens in aller Früh brachen sie auf, vor Einbruch der Dunkelheit waren sie wieder zurück. Ich erwartete die Rückkehr des Schiffes, oben auf dem Hügel, weil es so wunderschön war, aufs Meer hinauszuschauen. Als die Wolken gerade anfingen, sich rosa zu färben, kam das Boot in Sicht.

Ich brauchte Tante Lousapere nur anzuschauen, um zu wissen, daß sie gute Nachricht brachte.

»Veron – die Waisenkinder sind gerettet!«

»O Tantchen – dann ist Hrpsime also wohlauf?«

»Ja, ich bin ganz sicher. Sämtliche Waisenkinder sind in einem Lager außerhalb Athens, ich hatte nicht genug Zeit...«

»Das ist nicht so schlimm, Tantchen, wir werden sie schon finden, und zwar bald. Wir fahren doch nach Athen, nicht wahr?«

»Ja. Es ist alles geregelt. Die griechische Regierung hat allen Flüchtlingen ihre Unterstützung zugesichert. Sie will so lange für uns sorgen, bis wir imstande sind, auf eigenen Beinen zu stehen. Überall in und um Athen werden Flüchtlingslager errichtet.«

Am nächsten Morgen kam ein Schiff aus Piräus und nahm uns auf. Es war gerade groß genug, um die Hälfte aller Flüchtlinge zu fassen, und mußte daher zweimal fahren. Tante Lousapere und ich waren in der ersten Gruppe. Es war uns so froh und leicht ums Herz, als wir an Bord gingen. Ich stand an der Reling, als wir ablegten, und beobachtete, wie Samos allmählich meinem Blick entschwand. Mir war, ich hätte nie etwas Schöneres gesehen als das Mittelmeer oder diese Insel mit ihren schneeweiß gekalkten Häusern und ihren herzlichen Menschen in

ihrer heimischen Tracht. Ich war glücklich, weil die Türkei hinter mir lag und ich einem neuen Lebensabschnitt entgegenfuhr.
Als wir in Piräus anlegten, warteten dort schon etliche Busse auf uns, um uns nach Athen zu bringen.
»Wir fahren zum Tetarto-Gymnasium«, erklärte uns der Fahrer unseres Busses. Später stellte sich heraus, daß er einer der Flüchtlingshelfer war, die uns nach unserer Ankunft mit Rat und Tat zur Seite standen. »Das ist ein altes College im Zentrum von Athen.«
Das College war ein langgestrecktes zweigeschossiges Gebäude mit einem großen Innenhof. Hier befand sich unter anderem die Waschküche, und als erste gute Tat nahmen uns die Flüchtlingshelfer nach und nach unsere Kleider ab, um sie auszuräuchern und so die Seuchengefahr zu bannen. Die Unterwäsche wuschen wir selbst.
Als wir schließlich saubere Kleider anhatten, ließ man uns in das Gebäude hinein, wo jeder nun einen Schlaf- und Wohnplatz zugewiesen bekam. Tante Lousapere und ich hatten eine Fläche von ungefähr eineinhalb mal zwei Metern für uns, im Erdgeschoß, dicht an der Hintertür in der Eingangshalle. Die Tür selbst war jetzt abgesperrt. Die Raumzuteilung richtete sich je nach der Größe der Familie. Es gelang uns mit der Zeit sogar, uns ein bißchen Privatsphäre zu schaffen, indem wir eine Schnur herumspannten und Decken und Bettzeug darüber hängten. Jeder von uns erhielt eine Decke zum Schlafen, und mit dem Geld, das meine Tante in ihre Kleider eingenäht hatte, konnten wir ein paar zusätzliche Decken sowie etwas Geschirr und Lebensmittel kaufen. In einer Orangenkiste, die wir mit Handtüchern abdeckten, verstauten wir unsere Vorräte und Habseligkeiten, die sich im Laufe der Zeit ansammelten. Die Kiste diente uns zugleich als Tisch. Am anderen Ende der Halle befand sich ein Waschraum, wo man sich abduschen konnte.
Ohne viel Umschweife machten wir uns mit unseren Nachbarn bekannt. Auf der einen Seite war eine Familie

aus Mersin, Mutter und zwei Töchter. Die eine, Vartouhi, war etwa in meinem Alter, die andere, Sourhig, war ein paar Jahre älter. Sourhig war verheiratet, doch hatte sie sich in Smyrna von ihrem Mann trennen müssen, da sich die Rettungsaktion ja nur auf Frauen und Kinder sowie alte Männer erstreckt hatte. Die Ungewißheit seines Schicksals bedrückte sie sehr.
Zu unserer anderen Seite lagerten zwei alte Frauen, die sich von allen anderen zurückgezogen und mit niemandem anders zu reden schienen. Dann war da noch ein Junge, etwas älter als ich, der sich mit Mutter und Schwester in unserer Nähe niedergelassen hatte. Er stellte sich höflich vor – sein Name war Asadour Kaprelian – und suchte immerzu nach einem Vorwand, um sich mit mir zu unterhalten. Meiner Tante schien das gar nicht zu passen, denn eines Tages sagte sie in Gegenwart seiner Mutter zu ihm: »Jetzt ist nicht die Zeit für so etwas!« Und ab da sah ich ihn nicht wieder. Vartouhi meinte, die Familie Kaprelian sei ins Obergeschoß übersiedelt.
Anfangs wurden wir vom Roten Kreuz in einem alten Regierungsgebäude verpflegt, das nicht weit entfernt lag. Einmal täglich, gegen elf Uhr vormittags, gingen wir hinüber und bekamen dort unser Essen aus einem riesigen Kessel ausgeteilt, für gewöhnlich Suppe oder Eintopf, manchmal auch Milchreis mit Kakao und Zucker. Dieses Gericht liebte ich besonders, weil ich eine Schwäche für Süßigkeiten hatte, die in unserem Leben Luxus geworden waren.
Sobald wir uns eingerichtet hatten, ging Tante Lousapere daran, Nachforschungen bezüglich der Waisenkinder anzustellen. Sie erfuhr, daß der armenische Wohltätigkeitsverein nicht weit von uns seinen Hauptsitz hatte. Dort nannte man ihr den Namen des Vorortes, wo sämtliche Waisenkinder aus Smyrna untergebracht sein sollten. Bei erster Gelegenheit nahmen wir einen Bus und fuhren dorthin, und zu unserer unsagbaren Erleichterung fanden wir Hrpsimes Namen auf der Liste. Sie wurde sofort

geholt, und dann fielen wir uns weinend in die Arme. Es stellte sich heraus, daß Dr. Post gemeinsam mit Christina Gundjian auch das Waisenhaus evakuiert und die Kinder gerettet hatte. Tante Lousapere war plötzlich wie ausgewechselt.

Danach sah ich Hrpsime selten und nur dann wieder, wenn sie nach Athen kam. Ich unternahm alle Anstrengungen, um mich nach einer Verdienstmöglichkeit umzusehen. Nach zwei Wochen intensiver Suche fand ich Arbeit in einer Stickerei. Wir bestickten Kleiderstoffe in den verschiedensten Farben und Mustern für die Sommersaison. Das Muster war jeweils auf dem Stoff vorgedruckt und wurde nun von uns Stickerinnen im Fischgrätstich ausgestickt. Ich war die einzige aus dem »College«, die dort beschäftigt war, und ging daher jeden Morgen allein zur Arbeit. Als wir nach Athen gekommen waren, hatten wir von der Regierung eine kleine Unterstützung bekommen. Nun, da ich Arbeit gefunden hatte, wurden diese monatlichen Zuwendungen nach dem ersten Mal eingestellt. Für Tante Lousapere war es schwer, eine Anstellung zu finden, weil sie nicht Griechisch sprach, doch kamen wir mit dem Wenigen durch, das ich verdiente. Nachdem auch das Rote Kreuz die Essensrationen für uns eingestellt hatte, kochten wir gemeinsam mit einigen anderen unsere Mahlzeiten im Hof. Es gelang mir, jede Woche eine Drachme Taschengeld zu behalten. Dann wanderte ich sonntags zusammen mit einigen anderen Mädchen zur Akropolis hinauf, kaufte unterwegs Kürbiskerne, und schließlich saßen wir am Fuß der alten griechischen Tempel, schauten über die Stadt, unterhielten uns über unsere Arbeit und redeten über die Zukunft. Ich träumte davon, nach Amerika zu gehen, und dieser Wunsch wurde mit der Zeit immer lebhafter. Am sehnlichsten war er an den Sonntagen, wenn wir gleichaltrigen Armenierinnen und Griechinnen unseren Traum gemeinsam träumten und uns das Leben ausmalten, das wir an einem weitentfernten Ort dereinst führen würden. In solchen Momenten wünschte ich mir, ich wäre ein Vogel und könnte fliegen. Es schien so einfach, denn wenn wir hier auf diesen alten zerbröckelnden Stufen saßen, konnte das Auge scheinbar endlos in die Weite schweifen, eine Weite, die an sich schon ein Zukunftsversprechen zu sein schien. Ein Bild tauchte vor mir auf – Smyrna, die Kirche zum heiligen Georg und wir, die wir durch das eiserne Tor hinausströmten und uns dem Auto anschlossen, das uns den Weg zum Kai bahnte. Doch das war es nicht allein, was meine Erinnerung festhielt. In jenem Augenblick, einem der dunkelsten in meinem Leben, hatten ausländische Militärs ihre Landsleute ausgeforscht und ihnen Schutz und Hilfe angeboten. Ich wollte einem Land angehören, das sich in solcher Weise um seine Menschen kümmerte und das die Macht hatte, ihnen die persönliche Sicherheit zu garantieren, sogar in Kriegszeiten.

Meine beste Freundin im »College« war Geulia. Sie wohnte mit ihrer Familie im Obergeschoß. Geulia war ein pausbäkkiges, hübsches Mädchen, und sie war viel selbstbewußter und gegenüber Jungen viel unbefangener als ich. Jeden Sonntag ging sie mit mir und den anderen auf die Akropolis, und jeden Abend vor dem Zubettgehen standen wir noch eine Weile vor dem Tor und redeten über Gott und die Welt. Ich konnte nicht so sein wie sie, aber ihre Unbeschwertheit zog mich an. Ich stellte mir vor, daß ich vielleicht auch so geworden wäre, wenn sich mein Leben anders abgespielt hätte. In Geulias Gegenwart hatte ich das Gefühl, mit meiner eigenen Vergangenheit in Berührung zu sein – einer Vergangenheit, die ich mir ausmalen konnte, die zu erleben mir aber nicht bestimmt gewesen war.
»Du solltest heiraten«, sagte Geulia eines Abends wie aus heiterem Himmel zu mir.
»O nein!« rief ich, ohne nachzudenken. Heiraten schien einfach in keinem Bezug zu mir zu stehen. Mehr als alles andere wollte ich ein junges Mädchen sein, obwohl ich wußte, daß die Zeit dafür schon vorbei war. »Ich wollte aufs College gehen«, sagte ich nach langem Schweigen.

»Armenische Mädchen gehen nicht aufs College.«
»Einige schon.«
»Na ja, vielleicht, wenn du eine sehr reiche Familie hast. Aber was soll's. Jetzt kannst du jedenfalls nicht aufs College. Es gibt hier einige nette Jungen aus Smyrna. Ich kenne einen, der auf einem italienischen Schiff hierhergekommen ist. Er ist sehr romantisch.«
»Ich glaube nicht.«

Damit endete unser Gespräch. Es war Zeit, zu Bett zu gehen. Aber in dieser Nacht und in vielen Nächten danach wälzte ich in meinem Kopf, was Geulia gesagt hatte. Ich war in dem Alter, wo armenische Mädchen für gewöhnlich heirateten. College kam nicht in Frage, das war mir inzwischen klar. Und meine Tante sagte, das amerikanische Einwanderungskontingent für diesen Teil der Welt sei so gut wie erschöpft. Sie meinte, es bestünden vielleicht etwas mehr Chancen für England oder Frankreich. Aber nach allem, was ich gesehen und gehört hatte, wußte ich, daß ich nicht nach Europa wollte.

22

1922–1923

Die Beschäftigung in der Stickerei war Saisonarbeit, und schon nach einem Monat war sie wieder beendet. Geulia hatte bisher überhaupt noch keine Arbeit gefunden. Der Zufall wollte es, daß sie gleichzeitig von zwei ausgeschriebenen Stellen hörte. Sowohl eine Schuhfabrik als auch eine Bonbonfabrik suchten eine Hilfskraft. Die beiden Fabriken lagen einander direkt gegenüber, nur ein kurzes Stück von unserem Domizil entfernt. Geulia und ich machten uns gemeinsam auf den Weg, um uns jeweils um eine der beiden Stellen zu bewerben. Ich zog das blaue Baumwollkleid an, das mir Tante Lousapere zu meinem fünfzehnten Geburtstag genäht hatte. Es war ein warmer, sonniger Herbsttag. Wir waren uns noch immer nicht ganz schlüssig, welche Wahl wir treffen wollten.

»Die Bezahlung ist in der Schuhfabrik besser«, sagte Geulia, »dafür kannst du in der Bonbonfabrik Süßigkeiten essen, soviel du willst.« Geulia war wenn möglich ein noch größeres Leckermaul als ich.

»Trotzdem bin ich mehr für die Schuhfabrik«, meinte ich. »Wir könnten das bißchen Extrageld gut brauchen.«

»Wie du weißt, wollen sie nur eine Griechin nehmen. Du mußt schon sehr überzeugend auftreten, sonst nehmen sie dich nicht«, gab Geulia zu bedenken.

»Ich glaube, ich kann es wagen. Aber ich sollte mir rechtzeitig einen Namen überlegen. Oder was meinst du? Schau, dein Griechisch ist viel besser als meines, Geulia – hättest du nicht auch gern ein paar Drachmen mehr?«

»Nein, Schokolade ist mir lieber.«

Also sagte ich Geulia vor der Bonbonfabrik auf Wiedersehen und überquerte die Straße in Richtung Schuhfabrik. Die Vorstellung dauerte nicht länger als zwei Minuten, und ich war aufgenommen. In der Fabrik roch es fürchterlich, aber ich war froh, daß ich die Stelle hatte, die außerdem wesentlich besser bezahlt war als die Arbeit in der Stickerei.

Bei der Aufnahme hatte ich gesagt, ich hieße Maria Nikalaou, und mit diesem Namen unterschrieb ich jeden Freitag abend meinen Auszahlungsbeleg.

Mein Griechisch war anfangs sehr dürftig. Schüchternheit vortäuschend, machte ich daher den Mund so wenig wie möglich auf, spitzte dafür aber um so mehr die Ohren, wenn sich die griechischen Mädchen, mit denen ich arbeitete, unterhielten. Und bald schon konnte ich an ihren Gesprächen teilnehmen, als wäre ich eine der Ihren. In der Mittagspause sangen wir griechische Volkslieder und übten Volkstänze. Ich freute mich, daß ich wie selbstverständlich die Freizeit mit ihnen teilen konnte. Tatsächlich hielt man mich für eine Griechin, doch vergaß ich nie, daß ich Armenierin war. Meine Nationalität und Religion waren die Quellen meiner Kraft, die mich, ich fühlte es, auch in den schwersten Tagen nie verlassen hatte. Eines Tages, als ich von der Arbeit nach Hause kam, traf ich meine Tante vor dem »College« im Gespräch mit einer Frau. Irgend etwas in ihrem Verhalten sagte mir, daß es nichts Belangloses war, worüber sie sich unterhielten. Meine Tante stellte mich vor, und nach dem üblichen Austausch von Höflichkeiten entschuldigte sich die Frau und ging.

»Wer war das, und warum hat sie mich so angesehen?« fragte ich meine Tante, als wir allein waren.

»Sie hat einen Sohn im heiratsfähigen Alter und sucht eine passende Braut für ihn. Sie hat Erkundigungen eingezogen und scheint eine Menge über dich zu wissen. Ich habe sie nicht gefragt, woher ihre Informationen stammen – das wäre unhöflich gewesen –, aber ich vermute, daß Geulia dahintersteckt, weil sie ebenfalls aus Smyrna sind. Also was meinst du – möchtest du heiraten?«

Ich wußte nicht, was ich sagen sollte. Eigentlich stand es mir gar nicht zu, mich dazu zu äußern, weder so noch so. Traditionsgemäß wurden diese Dinge durch die Eltern oder den Vormund geregelt. Aber natürlich lebten wir nicht in normalen, traditionellen Zeiten. Ich spürte, daß ich rot wurde, ohne mir dabei im geringsten über meine Gefühle klarzusein.

»Ich habe ihr vorgeschlagen, den Jungen einmal herzubringen. Wenn ihr aneinander Gefallen findet, würden wir weitersehen, habe ich gesagt.«

Ich war sprachlos, aber irgendwie, im geheimen, freute ich mich. Ich wußte, daß meine Tante eine moderne Frau war, trotzdem hätte ich nie gedacht, daß sie eine derartige Entscheidung mir überlassen würde. Früher, daheim, wäre so etwas undenkbar gewesen. Das wußte ich.

»Ich will nicht, daß du womöglich unglücklich wirst«, fuhr sie fort. »Du hast schon zu viel mitgemacht. Wenn du findest, daß er ein netter Junge ist, und du nichts an ihm auszusetzen hast, dann sollten wir, glaube ich, die Verlobung bekanntgeben. Du bist jetzt fünfzehn. Das ist zum Heiraten jedenfalls nicht mehr zu früh.«
Was hätte ich darauf sagen sollen? Statt einer Antwort murmelte ich eine Entschuldigung und lief zu Geulia.
Geulia grinste, als sie mich sah. Ich wußte also – und sie wußte, daß ich wußte –, daß das Ganze ihr Werk war.
»Er ist sehr hübsch, Veron – und *so* romantisch. Es ist der Junge, von dem ich dir erzählt habe.«
»Meine Tante sagt, ich soll selbst entscheiden. Wenn ich nicht will, muß ich ihn nicht heiraten.«
»Toll – sie ist wirklich modern, nicht wahr?«
»Ja, sehr.«
»Das hätte ich gar nicht gedacht. Sie wirkt so scheu und empfindsam ...«
»Erzähl mir von ihm.« Plötzlich war ich ganz aufgeregt – und interessiert.
»Er heißt Takvor. Er spielt Mandoline, und er ist Kellner irgendwo in der Stadt und ... ja also, er spricht perfekt Griechisch, wie ich, und er ist sehr hübsch.«
»Und *so* romantisch.«
»Ja, wirklich ... oh, Veron, du machst dich über mich lustig!« Plötzlich kicherten wir beide, machten darauf ein ernstes Gesicht, taten erwachsen – und kicherten wieder.
»Er war in Smyrna Straßenbahnschaffner auf dem Kai. Die Mädchen haben ihm immer schöne Augen gemacht. Er wird dir gefallen, Veron, wirklich. Hab kcine Angst.«
Aber ich hatte Angst, schreckliche Angst! Ich hatte keine Ahnung, was ich mir erwartete, erhoffte – wonach ich ausschauen, worauf ich mich freuen sollte ... Aber was soll's, dachte ich, wenn ich ihn nicht mag, *muß* ich ihn ja nicht heiraten.
Am kommenden Sonntag statteten Takvor und seine Mutter wie vereinbart ihren offiziellen Besuch ab.

»In Gottes Namen«, sagte die Mutter, nachdem wir uns auf Kissen und Matten niedergesetzt hatten, ganz so, als ob wir daheim wären, »wir sind gekommen, um für unseren Sohn um die Hand Ihrer Nichte anzuhalten.«
Das halt ich nicht aus, dachte ich. Ich wünschte, Geulia wäre hier, zur moralischen Unterstützung. Besser, ich schaue auf und seh mir den Jungen an, um festzustellen, ob er mir gefällt – aber wenn ich das tue, werde ich rot. Ich möchte wissen, was er sich denkt. Was er von *mir* denkt.
»Wie geht es dir mit deiner Arbeit, Veron?« fragte Takvor zu meiner maßlosen Überraschung.
Natürlich wurde ich rot. »Danke – gut.«
»Du hast ein hübsches Kleid an. Hast du es selbst geschneidert?«
»Nein, meine Tante hat es mir zum Geburtstag genäht«, sagte ich und errötete noch mehr. »Blau ist meine Lieblingsfarbe«, fügte ich hinzu, um das Schweigen zu überbrücken.
Meine Tante erhob sich und kam wenig später mit türkischem Kaffee zurück. Irgendwie redete es sich leichter, wenn die Hände beschäftigt waren, aber gleichzeitig fürchtete ich, Kaffee zu verschütten. Meine Aufmerksamkeit wurde also total davon in Anspruch genommen, die Fassung zu bewahren.

»Es war schon richtig so«, sagte meine Tante, als wir wieder allein waren. »Es wurde nicht von dir erwartet, daß du redest.«
»Überhaupt nicht?«
»Überhaupt nicht!«
»Oh«, seufzte ich und entspannte mich endlich.
»Mir hat er gefallen. Und wie steht es mit dir?« fragte meine Tante.
»O ja, sehr. Er ist so romantisch – und selbstsicher!«
»Die Mutter wird in einigen Tagen wiederkommen – allein. Ich werde also in die Verlobung einwilligen.«

Als die Mutter am Dienstag wiederkam, sagte sie vollkommen ausdruckslos: »Mein Sohn ist einverstanden. Ist Ihre Nichte einverstanden? Dürfen wir auf Ihre Einwilligung hoffen?«
»Ja, wir geben unsere Einwilligung.«
Damit war das Thema beendet. Und nachdem man türkischen Kaffee getrunken hatte und gerade genug Zeit verstrichen war, um der Höflichkeit Genüge zu tun, ging sie wieder.

Fünf bange Tage verstrichen. Und dann, am Sonntag, kamen sie zu zweit wieder. Sie brachten eine Schachtel Bonbons mit, und indem wir das Geschenk annahmen, besiegelten wir unser Versprechen. Die Atmosphäre hatte sich erheblich verändert. Wir lächelten jetzt und zeigten offen unsere Freude, und unser Umgang war ein ganz klein wenig vertraulicher.
Tante Lousapere kochte türkischen Kaffee, und jeder von uns aß ein Bonbon. Weder die Verlobung noch die Hochzeit wurde mit einem Wort erwähnt. Mir war klar, daß Takvors Mutter und Tante Lousapere diese Dinge allein unter vier Augen besprechen würden. Trotzdem wunderte es mich, daß ich keinen Verlobungsring bekam. Als sich die beiden verabschiedet hatten, fragte ich deshalb Tante Lousapere.
»Das ist einfach nicht der Ort für eine feierliche Verlobung, Veron. Und außerdem wünscht sie eine kurze, informelle Verlobungszeit, weil sie noch in Trauer ist um ihren Mann, der in Smyrna von den Türken ermordet wurde. Wir haben uns geeinigt, daß die Hochzeit in einem Monat stattfinden soll. Sobald ihr verheiratet seid, wird sie nach Patras zu ihrem zweiten Sohn fahren, dessen Frau im November ein Baby erwartet. Du wirst bis zu ihrer Rückkehr bei deinem Mann und seiner Großmutter wohnen.«
»Werde ich zur Hochzeit Weiß tragen können?«
»Leider nein, weil sie ja noch in Trauer ist. Aber sie wird dir bestimmt etwas Hübsches kaufen – ein Brautkleid, das

dir gefällt. Ich bin ganz sicher, daß sie dir eine Freude machen will.«

Ein paar Tage später kam Takvor und fragte meine Tante, ob er mich ins Kino ausführen dürfe.

»Das wäre sehr nett, Takvor«, sagte meine Tante, »aber du mußt versprechen, sie pünktlich wieder nach Hause zu bringen.«

Takvor wartete draußen, während ich mich umzog. Ich wechselte mein altes Kleid gegen das Blaue und zog die neuen Schuhe und Strümpfe an, die mir Tante Lousapere vor kurzem gekauft hatte. »Warst du jemals in Smyrna im Kino, Veron?« fragte Takvor unterwegs.

»Nur einmal – mit meiner Tante. Es war sehr schön.« Fast hätte ich gesagt »aufregend«, aber ich schluckte es hinunter. Er sieht so gut aus und ist so selbstsicher, dachte ich. Hoffentlich übernimmt er jetzt die Konversation.

»Ich habe dir ein blaues Haarband gekauft.«

»Oh – wie hübsch«, sagte ich und wurde schon wieder rot. »Soll ich es jetzt gleich umbinden?«

»Warum nicht? Komm, laß mich das machen.«

Danach gingen wir Hand in Hand weiter.

Wir schauten uns an und lächelten. Noch nie hatte ein Junge meine Hand gehalten. Wir sind verlobt, sagte ich mir. Wenn uns irgend jemand so sieht, weiß er, daß wir verlobt sind.

Der Film handelte von einer großen Familie. Es wollte mir nicht so recht gelingen, aus der Geschichte klug zu werden. Meine Gedanken waren schon bei der Hochzeit, und gleichzeitig bemühte ich mich, aufmerksam auf die Leinwand zu schauen. Ich wollte mir nur ja keine Blöße geben.

Plötzlich wimmelte es auf der Leinwand von lachenden, sich lebhaft unterhaltenden Leuten. Die ganze große Kinofamilie war vor einem offenen Kamin versammelt und stimmte ein gemeinsames Lied an.

»Genau das werden wir auch sein«, flüsterte mir Takvor zu, »eine große Familie.«

Mir wurde ganz heiß. Wie kühn, so etwas zu sagen, dachte ich.

»An einem der nächsten Tage«, sagte Tante Lousapere am darauffolgenden Morgen zu mir, »wird Takvors Mutter mit dir einkaufen gehen.«
Tatsächlich kam seine Mutter noch am selben Abend, um zu fragen, ob ich sie am Samstag zu Hause abholen und zum Einkaufen begleiten könne.
Tante Lousapere beschrieb mir den Weg. Takvor und seine Mutter wohnten in einem anderen Stadtteil – in Zelten, die der armenische Wohltätigkeitsverein zur Verfügung gestellt hatte. Als ich ankam, saß Takvor draußen vor dem Zelt und spielte auf seiner Mandoline. Er spielte eines der bekannten griechischen Volkslieder, die wir oft bei der Arbeit sangen. Ich summte es leise mit.
»Sing!« sagte er. »Lauter!«
»Nein, lieber nicht. Deine Mutter erwartet mich wohl schon.«
Gleich darauf trat seine Mutter aus dem Zelt, und Takvor und ich mußten uns verabschieden, kaum daß wir einander begrüßt hatten.
Als erstes gingen wir in ein Kurzwarengeschäft, wo ich einen rosa Stoff, ein Baumwoll-Seiden-Gemisch, aussuchte. Da Weiß nicht in Frage kam, wollte ich dem so nahe wie nur möglich kommen – und Rosa, so dachte ich, war auch sehr bräutlich.
Dann suchten wir ein Schuhgeschäft.
»Was meinst du, was für Schuhe am besten zu deinem Kleid passen werden?«
»Lackschuhe sind jetzt sehr modern«, sagte ich. »Ich hätte gern ein Paar Lackschuhe zu meinem Brautkleid.«
Wir kauften die Schuhe, und jetzt fehlten nur noch die Strümpfe. Ich suchte mir ein Paar helle Seidenstrümpfe aus.
»Nein«, sagte Takvors Mutter prompt und sehr streng, wie mir schien. »Ich bin in Trauer, du wirst daher

schwarze Strümpfe tragen müssen – damit es kein Gerede gibt.«

Ich war schockiert und verletzt, aber ich sagte nichts. *Ich* bin doch keine Witwe. Warum soll ich Schwarz tragen, dachte ich. Wie kann ich auf meiner eigenen Hochzeit schwarze Strümpfe tragen? Geulia und Vartouhi und Sourhig werden mich sehen ... Ich nahm die schwarzen Strümpfe in Empfang und ließ mir nichts anmerken. Aber in mir bohrte es weiter. Ich bin doch ein junges Mädchen, dachte ich. Ich möchte etwas Hübsches und Modisches haben, etwas, was für *mich* paßt – nicht für sie!

Sie begleitete mich nach Hause.

Tante Lousapere erwartete uns, und sobald wir allein waren, sagte ich: »Ich mag sie nicht. Ich mag sie überhaupt nicht!«

»Warum, Veron, was ist geschehen?«

Ich brach in Tränen aus. »Sie hat mir schwarze Strümpfe gekauft. Ich wollte helle, in einem Farbton, der zu meinem Kleid paßt, aber sie hat auf schwarze bestanden. Wenn ich jetzt, für meine eigene Hochzeit, schon nicht bekommen kann, was ich gern möchte, wie wird es später sein?«

Tante Lousapere antwortete nicht gleich. Nach einer Weile sagte sie: »Ich weiß, was es heißt, mit einer Schwiegermutter zu leben. Deine Großmutter ist eine wundervolle Frau, aber es war nicht leicht, ihr alles recht zu machen ... Und du wirst mit zwei Frauen leben müssen, nicht nur mit einer.«

Das Thema war beendet. Aber spät abends ging meine Tante, ohne mir ein Wort zu sagen, in ein nahe gelegenes Flüchtlingslager, wo ein Priester war, der sich mit Astrologie befaßte. Diesem Priester erklärte sie die Situation. »Ich habe eine Nichte«, sagte sie, »und es gibt da einen jungen Mann, der sie heiraten möchte, aber irgendwie habe ich kein gutes Gefühl bei der Sache. Ich frage mich, ob diese Heirat das richtige für sie ist.«

»Wann und wo wurde sie geboren, und was wissen Sie

über den jungen Mann?« fragte der Priester. Er schlug ein altes Buch auf, studierte anhand der Daten die astrologischen Zeichen und sagte schließlich: »Diese Heirat sollte besser nicht stattfinden. Wenn sie zustande kommt, wird das Mädchen viele Kinder zur Welt bringen, und sie wird für den Rest ihres Lebens sehr arm und auch unglücklich sein.«

Tags darauf teilte mir meine Tante mit, daß sie beschlossen habe, mich Takvor nicht zur Ehe zu geben.

»Du weißt es am besten«, sagte ich, von ganzem Herzen erleichtert.

»Geh zu Geulia, und erzähle ihr von den schwarzen Strümpfen. Es ist nur eine Frage von Stunden, bis sich die Sache herumspricht und die Ohren derjenigen erreicht, für die sie bestimmt ist. Und morgen gehe ich dann zu Takvors Mutter und sage ihr, daß deine Großmutter auf dem Weg hierher sei und ich daher mein Wort zurücknehmen und ihr die Verantwortung für dich übergeben müsse.« Sie schwieg einen Moment. »Ja, so wird es am besten sein. Wir wollen ihren Familienstolz nicht verletzen.«

»Ja, Tantchen, ich gehe sofort.«

»Arme Großmama«, sagte Tante Lousapere lächelnd, »wir haben ihr in der letzten Zeit hübsch was aufgehalst.«

23

1923–1924

Vartouhi, meine zweitbeste Freundin, hatte sich mit einem Jungen aus Adana verlobt, und eines Tages, während meiner eigenen stürmischen Zeit, war sie nach Kokinya abgereist, um dort zu heiraten. Ich hatte ihr nicht einmal auf Wiedersehen gesagt. Sie war genauso aufgeregt und durcheinander und mit ihrem Schicksal beschäftigt

gewesen wie ich, und so hatten wir uns aus den Augen verloren.
Ich fühlte mich traurig und erleichtert zugleich, als meine Verlobung gelöst wurde. Und Sourhig, Vartouhis ältere Schwester, war auch ein wenig bedrückt, weil ihre Schwester fortgezogen war. Also fingen wir an, uns gegenseitig zu bedauern, und steckten von nun an öfter zusammen. Geulia war anfangs ein bißchen böse auf mich, sie war wohl auch etwas vor den Kopf gestoßen und enttäuscht, da meine und Takvors Verlobung ja eigentlich ihr Werk gewesen war. Sie kam mich auch nicht besuchen, und so dachte ich mir, am besten, ich lasse sie für eine Weile in Ruhe.
Es wurde Sonntag, und ich hatte nichts zu tun – und wollte auch gar nichts tun. Ich saß auf den Stufen vor dem »College« und tat mir selbst ein wenig leid, als Sourhig kam, um mich zu fragen, ob ich mit ihr nach Kokinya fahren und ihre Schwester besuchen möchte.
»Wo ist eigentlich Kokinya?« fragte ich.
»In Piräus. Es ist das Lager, wo die Flüchtlinge aus Adana untergebracht sind. Alle haben dort kleine Blechhütten, darin wohnen sie. Es ist irgendwie hübsch.«
»O ja, ich komme sehr gerne mit. Auf dem Weg zum Bahnhof kann ich noch etwas besorgen, um es Vartouhi mitzubringen.«
Wir machten bei einem Bonbongeschäft halt. Ich kaufte eine Schachtel Pralinen. Ich konnte es kaum erwarten, Vartouhi wiederzusehen und ihren Mann kennenzulernen. Vartouhi freute sich genauso über unser Wiedersehen wie ich. Aber aus irgendeinem Grund war sie ganz aus dem Häuschen. Ihr Mann und ihre Schwiegermutter waren nicht daheim. Wir hatten uns kaum niedergesetzt, als sie schon wieder aufsprang, nervös zu ihrem Mantel griff und sagte: »Ach, Veron, es ist da eine befreundete Familie, die sich bestimmt über deinen Besuch freuen würde. Hast du etwas dagegen?« Und schon waren wir draußen und liefen durch ein Labyrinth kleiner Blechhütten. Was ist da eigentlich los? dachte ich. Es scheint fast so, als ob

Vartouhi gewußt hätte, daß ich komme. Und wo führt sie mich hin? Ich kenne niemanden aus Adana. Doch bevor ich noch etwas sagen konnte, waren wir da – in einem fremden Haus, bei fremden Leuten.
Wir betraten einen Raum, der voller Menschen war. Alle waren feierlich gekleidet und saßen erwartungsvoll auf Kissen. Offensichtlich erwarteten sie Besuch, und allem Anschein nach uns. Aber warum nur?
Nach einigen Minuten befangenen Schweigens, als auch wir uns gesetzt hatten, wurde ein Tablett mit Süßigkeiten herumgereicht. Eine der Frauen stand auf, um türkischen Kaffee zu kochen. Es wurden Höflichkeiten ausgetauscht und verschiedene freundliche Dinge gesagt, doch ging mir das meiste beim einen Ohr hinein und beim anderen wieder hinaus. Meine Verfassung war viel zu konfus, um irgend etwas zu begreifen.
Plötzlich war draußen vor der Tür lautes Scharren und Schlurfen zu hören; darauf trat ein älterer Mann ein, der keine Anstalten machte, sich vorzustellen. Er trug einen zusammengerollten Gebetsteppich über der Schulter.
»Sei gegrüßt, Amou! Willkommen, Onkel!« riefen ihm die Männer entgegen.
»Was hat das zu bedeuten?« fragte er unbekümmert mit polternder Stimme. »Irgendein besonderer Anlaß?«
Die Hausfrau winkte ihn zu sich und flüsterte ihm etwas ins Ohr.
»Ach du meine Güte – eine Braut!« bellte er, indem er sich zu mir umwandte. »Steh auf, und laß mich dir diesen Teppich zu Füßen breiten.«
Am liebsten wäre ich in den Erdboden versunken; aber das war gar nicht nötig, denn schon fühlte ich, daß ich zur Größe einer Haselnuß geschrumpft war. Nur mein Gesicht konnte ich nicht verstecken, das – ich spürte es – dunkelrot war. Ich schaute Vartouhi an, deren Augen sagten: Dieser Esel hat die Katze aus dem Sack gelassen.
Irgendwie gelang es mir, mich zusammenzureißen und aufzustehen. »Ich muß jetzt gehen«, sagte ich, »bitte

entschuldigen Sie mich.« Vartouhi und Sourhig sprangen ebenfalls auf, entschuldigten sich auch und rannten zur Tür.
»Was hast du mir angetan?« schrie ich Vartouhi an, als wir draußen waren.
»O Veron, es tut mir so leid, verzeih mir. Es ist eine nette Familie, wirklich – sie haben nur einen verrückten Onkel!«
»Aber du hättest mich vorbereiten sollen!«
»Ich weiß – aber ich konnte es einfach nicht. Nach allem, was du durchgemacht hast, wollte ich nicht riskieren, daß du vielleicht nein sagst, und sie sind gute Freunde von uns, und ich dachte nur... ach Veron, verzeih mir...« Und damit fiel sie mir weinend um den Hals.
»Daheim kannst du mir alles erzählen...«
Zum Glück war niemand zu Hause, so daß wir ungestört reden konnten, und nun sprudelte die ganze Geschichte aus ihr heraus.
»Also«, begann sie, »sie hatten mich gefragt, ob ich nicht irgendein nettes Mädchen aus dem ›College‹ kenne – aber warte, ich muß noch weiter zurückgreifen. Weißt du, die alte Dame hat einen Sohn in Amerika, der arbeitet und spart, bis er genug Geld beisammen hat, um sie alle nach Amerika zu holen, und wenn es soweit ist, möchte er, daß sie ihm eine Braut mitbringen. Vermutlich gibt es nicht viele armenische Mädchen dort drüben – ich meine dort, wo er wohnt, irgendwo in der Nähe von Chikago. Es heißt Viskantzun oder so ähnlich. Aber egal, wie – jedenfalls haben sie ein Mädchen für ihn gefunden, doch sie wollte ihre Mutter mitnehmen, und damit war er nicht einverstanden. Deshalb hat er sie jetzt gebeten, ein Waisenmädchen für ihn zu suchen...«
»Ach, so ist das!«
»Ja, aber ich habe sein Bild gesehen. Er schaut sehr anständig und nett aus. Seine Mutter vergöttert ihn – er ist der Älteste –, und er schickt ihnen jeden Monat Geld, davon leben sie. Er muß ein guter und fürsorglicher Mann sein.«

Ich ging nicht darauf ein, sondern wechselte das Thema. Es war einfach zuviel – und zu kompliziert. Ich wollte nicht darüber nachdenken. Ich wollte nach Amerika – aber nicht als Braut per Postversand. Trotzdem, wenn er gut verdiente, könnte er mir Sicherheit und Geborgenheit bieten, und ein richtiges Zuhause und anständig zu essen...

Am Dienstag, viel früher als erwartet, kamen sie, wie meine Tante es vorausgesagt hatte. Ich war noch nicht von der Arbeit zurück. Zu meinem Glück – denn ich glaube nicht, daß ich ihnen so bald schon wieder hätte unter die Augen treten können.

»Sie waren schon da«, teilte mir meine Tante mit, als ich abends heimkam. »Sie haben eine Lehrerin mitgebracht, um ihre Sache zu vertreten. Es war ein Auftritt. Sie redete wie ein Wasserfall – und sehr überzeugend.«

»Und was hast du gesagt?« fragte ich aufgeregt.

»Ich habe ihnen wenig Hoffnung gemacht. Ich habe sie gebeten, mir sein Bild zu zeigen. Sie sagen, er sei achtundzwanzig – aber er sieht älter aus.«

»Und deshalb hast du nein gesagt?«

»Ach, Veron, Amerika ist so weit! Wir würden uns nie mehr wiedersehen. Und was ist, wenn mit ihm irgend etwas nicht in Ordnung ist? Dann hättest du niemanden, der dir zur Seite steht und dich beschützt. Was ist, wenn er ein Trinker oder Spieler ist?«

»Womit verdient er sein Geld?«

»Das eben ist die zweite Sache. Man weiß, wie es in Amerika um die Emigranten bestellt ist. Sie arbeiten in großen Fabriken, und sie müssen die schwersten und gefährlichsten Arbeiten tun, manche werden dabei krank... oder zu Krüppeln... Das hört man allgemein.«

»Ach, Tante Lousapere, ich höre immer nur wundervolle Sachen über Amerika.«

»Ich weiß nicht, Veron. Ich weiß es einfach nicht.«

»Die Entscheidung liegt bei dir, Tante Lousapere. Ich bin sicher, du weißt es am besten.« Ich wollte schon gehen, als

mir einfiel, was ich noch hatte fragen wollen. »Wie heißt er, Tantchen?«
»Melkon. Melkon Kherdian.«
»Mmmm – sein Name gefällt mir«, sagte ich und ging – schnell, weil ich spürte, daß ich rot wurde.

Am Sonntag kamen sie wieder. Die Mutter, der Schwager und die Lehrerin, die den Großteil des Gesprächs bestritt. Anfangs wurde gar nichts Wesentliches gesprochen. Dann ging ich hinaus, um Kaffee zu kochen. Und als ich zurückkam, war schon alles geklärt. Es fiel kein Wort mehr darüber.
»Ich habe mich wieder einmal auf deine Großmutter ausgeredet«, sagte Tante Lousapere, als sie gegangen waren. »Möge sie mir verzeihen! Ich habe gesagt, sie sei in Saloniki – was durchaus der Wahrheit entsprechen kann, denn inzwischen ist allgemein bekannt, daß die letzten Flüchtlinge aus Anatolien nach Saloniki deportiert wurden. Nun, jedenfalls habe ich gesagt, wir würden uns demnächst mit ihr in Verbindung setzen. Ich selbst wäre nicht befugt, eine solche Entscheidung zu treffen.«
»Was haben sie darauf gesagt?«
»Nichts. Was hätten sie sagen sollen. Ich glaube nicht, daß wir noch einmal von ihnen hören.«
Nun schwiegen wir beide. Ich hätte nicht sagen können, was ich in diesem Moment empfand. Ich hatte mich in Griechenland wohl gefühlt. Ich war glücklicher hier, als ich es seit langem gewesen war, nun, da wir von den Türken nichts mehr zu fürchten hatten. Aber ich wollte einen Weg finden, um mein Schicksal selbst in die Hand zu nehmen und nicht für immer und ewig das Opfer äußerer Umstände zu sein. Ich ertrug es nicht länger, das Leben nur passiv zu leben, als etwas, was mit mir geschah. Ich war niedergeschlagen und kannte mich mit mir selbst nicht aus. Ich wußte, früher oder später mußte ich Anlauf nehmen und springen, allein und ohne fremde Hilfe – oder ich würde wieder ein Opfer sein.

24

1924

»Veron! Veron!« Es war Geulia, die mir entgegenlief, als ich von der Arbeit nach Hause kam. »Deine böse Tante sie... sie ist hier«, stotterte sie atemlos.

»Bist du sicher?«

»Ganz sicher. Sie hat mich gefragt, ob ich dich kenne und ob ich wisse, wo du wohnst – vor ein paar Minuten erst. Ich habe es ihr gesagt, und dann habe ich sie gefragt, wer sie sei. ›Arousiag Dumehjian‹, hat sie gesagt. ›Ich bin Arousiag Dumehjian, Verons Tante.‹«

Geulia kannte meine Lebensgeschichte. Wir hatten einander alles erzählt.

»Was wirst du tun, Veron?«

»Nichts. Ich gehe einfach hinein, um zu erfahren, was sie will.«

»Wirklich?«

»Klar!«

Als ich mich unserem Wohnplatz näherte, kam mir Tante Arousiag entgegen. Sie lächelte, aber das Lächeln war falsch. »Rühr mich nicht an«, sagte ich. »Was willst du?«

»Ich bin gekommen, um dich mitzunehmen. Wir sind mit den Griechen nach Saloniki geflüchtet – sicher hast du davon gehört. Großmama ist noch in der Türkei, aber sie wird bald nachkommen.«

»Ach, du bist also da, um mich zu holen, weil Großmama hierher unterwegs ist. Erst hast du mich im Stich gelassen, und jetzt auf einmal erinnerst du dich meiner. Ich hätte dir verziehen, was du damals zu mir gesagt hast, aber als ich dann im Krankenhaus war und du mich nicht ein einziges Mal besucht hast, da habe ich gewußt, daß dir diese Worte ernst waren. Es mag dir gelungen sein, Großmama zu täuschen, aber mich täuschst du nicht. Ich bleibe hier.«

»Sie kann hierbleiben, wenn sie will«, sagte Tante Lousa-

pere, noch bevor Tante Arousiag antworten konnte. »Zwingen kannst du sie nicht.«
»Dann also nicht!« rief Tante Arousiag, griff unter unverständlichem Gemurmel nach Mantel und Tasche und rauschte ab.
»Sie mußte es versuchen«, sagte Tante Lousapere. »Wenn Großmama sie geschickt hat, blieb ihr keine andere Wahl. Und vielleicht hat sie sogar gedacht, du würdest mitkommen.«
»Ich gehe nie mehr zurück, weder mit ihr noch ohne sie.«

Ein neuer Herbst war ins Land gezogen und vorübergegangen. In gewisser Weise war es eine Erleichterung, sich keine Gedanken machen und keine Pläne schmieden zu müssen. Mir war klar, daß diese Atempause nicht von Dauer sein konnte. Es genügte mir vollauf, zu arbeiten und auszuspannen und die Sonntage für mich zu haben – oder hin und wieder meine Tante zu begleiten und Hrpsime zu besuchen.
Nach drei kalten Monaten schien der März vergleichsweise warm. Die Tage waren meist sonnig und wolkenlos – und ich fühlte mich wie immer im Frühling: hoffnungsvoll, neugierig und überzeugt, daß etwas Neues vor der Tür stand.
Eines Tages, als ich von der Arbeit nach Hause kam, erwartete mich Sourhig.
»Was ist, Sourhig?« fragte ich. »Du siehst aus, als hätte sich ein Vogel in deinem Mund gefangen.«
»Die Kherdians waren hier. Sie haben mich gebeten, mit dir zu sprechen ...«
»Wirklich? Das verstehe ich nicht ...«
»Ich glaube, ich habe etwas Falsches gesagt. Das heißt, sie wollten wissen, ob deine Großmutter da sei, weil sie mit ihr über dich reden wollten.«
»Und was hast du gesagt?«
»Ich habe gesagt, deine Großmutter sei überhaupt nicht

gekommen, nur deine andere Tante, und die sei ohne dich wieder fortgefahren.«
»Das wird Tante Lousapere gar nicht freuen.«
»Es tut mir leid, Veron... aber sie waren so nett... so herzlich und aufrichtig... Ach, Veron, warum denkst du nicht noch einmal darüber nach?«
»Es hängt nicht nur von mir ab, Sourhig, das weißt du.«
»Ich weiß, aber Vartouhi ist so glücklich. Vielleicht würdest du genauso glücklich! Und sie wollen dich nach Amerika mitnehmen. So denk doch nur, Veron – Amerika!«
»Ja...« Jeder wußte, wie gern ich nach Amerika wollte. Daß es mein großer Traum war.
»Ein drittes Mal kommen sie nicht mehr, Veron. Das haben sie auch gesagt.«
»Was haben sie sonst noch gesagt?«
»Sie haben gesagt, sie wollen eine große Verlobungsparty geben und dir einen Ring kaufen, und sie würden einen Photographen bestellen, daß er von dir ein Bild macht, und sie wollen dir Kleider kaufen und...«
»Und sie haben dich gebeten, mir das zu sagen, stimmt's?«
»Richtig!« Sie strahlte wie der Vollmond, sie konnte es nicht verhindern.
»Schon gut, Sourhig. Ich bin froh, *daß* du es mir gesagt hast«, sagte ich, und auf einmal mußten wir beide lachen.
»Soll ich sie wissen lassen, daß noch eine Chance besteht?«
»Nun, vielleicht...«

Am darauffolgenden Samstag fuhr meine Tante zu Hrpsime. Es war ein arbeitsfreier Tag für mich, und ich hätte sie begleiten können. Aber ich hatte das Bedürfnis, allein zu sein.
Als Tante Lousapere am Abend zurückkam, sah ich ihr sofort an, daß irgend etwas nicht stimmte.
»Was ist, Tante Lousapere – ist etwas passiert?«
»Ach, Veron«, sagte sie und brach in Tränen aus.
Zum ersten Mal seit damals in Smyrna, als sie sich vor dem

Feuer gefürchtet hatte, sah ich sie weinen. Ich konnte mir nicht vorstellen, was sie jetzt so bekümmerte.
»Es geht um Hrpsime. Das Waisenhaus entläßt alle älteren Kinder, die jemanden haben, wo sie hinkönnen. Man hat mir mitgeteilt, ich müsse Hrpsime so bald wie möglich mit zu mir nehmen. Ach, Veron, was sollen wir bloß tun? Ich habe kein Geld, und hier ist kaum Platz genug für zwei ... Was soll jetzt werden?«
Ich schlang die Arme um sie. Es gab keinen zweiten so gütigen, so liebevollen und empfindsamen Menschen wie Tante Lousapere. Stets war sie bereit zu geben – und zu verzichten –, damit Hrpsime und ich es besser haben sollten. In diesem Moment, angesichts ihrer Verzweiflung und Hilflosigkeit, begriff ich, was sie in der Vergangenheit für mich getan hatte.
»Tante Lousapere – sie sind wiedergekommen ... die Kherdians. Gestern! Sie haben sich mit unserer Antwort noch nicht abgefunden. Und ... also ... ich glaube, ich sollte einwilligen. Es wird mein Glück sein, denn so komme ich nach Amerika – und dein Glück ist es auch!«
»Nicht so. Ich will nicht, daß du deshalb weggehst! Wir werden immer auch für dich noch einen Platz haben, Hrpsime und ich – das weißt du. Wir sind doch eine Familie!«
»Ich weiß, Tantchen, aber ich habe ein gutes Gefühl. Ich weiß, daß ich das Richtige tue.«
Sie sagte nichts darauf. Wortlos gab sie ihre Einwilligung – und ich fühlte mich unendlich erleichtert. Und unendlich traurig. Mein sehnlichster Wunsch war im Begriff, Wirklichkeit zu werden – doch bedeutete das zugleich, daß ich meine Tante verlor, die ich liebte und die mich wie eine Mutter geliebt hatte.

Wie erwartet, kamen die Kherdians am nächsten Tag wieder. Und diesmal gab Tante Lousapere ihre Einwilligung.
»Das ist ein sehr glücklicher Augenblick für uns«, sagte

der Schwager namens der Familie. »Wir werden für das Verlobungsfest ein Lamm schlachten.«
Tante Lousapere lächelte beifällig.
»Veron«, sagte Osanna, Melkons Schwester, »ich möchte dich kommenden Samstag abholen, um mit dir in die Stadt einkaufen zu gehen. Und übernächsten Samstag, wenn deine Kleider bis dahin fertig sind, können wir die Verlobung feiern.«
»Ja«, sagte ich nur. Mit einemmal fühlte ich mich ganz leer und ganz ruhig.
Osanna ging also mit mir einkaufen, und rechtzeitig vor dem Fest holten wir die fertigen Sachen auch wieder zusammen ab.
Wir hatten einen rostroten leichten Wollstoff ausgewählt, den der Schneider wunschgemäß zu einem einfachen, aber gut geschnittenen und modischen Kleid verarbeitet hatte. Dazu kaufte mir Osanna auch noch neue Unterwäsche, Strümpfe, Schuhe und einen gestickten Beutel. Ich konnte es kaum erwarten, heimzukommen und alles anzuprobieren.
Tante Lousapere betrachtete mich mit Kennerblick und machte ein sehr zufriedenes Gesicht.
»Wie schaue ich aus, Tantchen?«
»Wie eine junge Frau. Eine schöne junge Frau – und wie eine Dame!«
In diesem Moment war der Wunsch, Tante Lousapere nach Amerika mitzunehmen, übermächtig in mir. Aber ich wußte, daß es unmöglich war, und behielt es deshalb für mich.
»Morgen ist es soweit«, sagte ich.
»Wir müssen ganz früh aufstehen, um rechtzeitig fertig zu werden. Ist Geulia auch eingeladen?«
»Natürlich. Und Sourhig auch.«

Als ich zeitig in der Früh aufstand, sah ich, daß Tante Lousapere geweint hatte.
»Ich habe die ganze Nacht kein Auge zugetan, Veron.«

»Mach dir keine Sorgen, Tantchen – bitte! Ich habe dir schon gesagt, ich habe ein gutes Gefühl. Ich weiß, daß mich in Amerika ein schönes Leben erwartet. Ich weiß es.«

»Davon bin ich fest überzeugt, Veron. Aber ich werde es nicht mit eigenen Augen sehen, und wer weiß, ob wir uns jemals wiedersehen. Versprich mir, daß du mir dein Hochzeitsbild schicken wirst, damit ich es schwarz auf weiß habe, daß du verheiratet bist.«

»Das verspreche ich dir, Tante Lousapere.«

Am späten Vormittag trafen wir im Haus der Kherdians in Kokinya ein, und nachdem wir ein leichtes Mittagessen zu uns genommen hatten, gingen die Männer hinaus, um mit Hilfe einiger Nachbarn ein Lamm zu schlachten.

Die Frauen versammelten sich in der Küche, um das Festessen zuzubereiten: Pilav, Lavasch, Sarma, verschiedene Gemüse und Salate – und Baklava.

Um fünf Uhr nachmittag wurden die Gäste erwartet – Nachbarn, Freunde und Verwandte sowie die Musikanten –, und innerhalb einer Stunde hatten alle ihren Platz um den gedeckten Tisch eingenommen. Zahlreiche Schüsselchen mit Vorspeisen wurden herumgereicht und zahlreiche Gläser mit Raki ausgeschenkt. Bevor mit den traditionellen Trinksprüchen begonnen wurde, ging Melkons Bild von Hand zu Hand, damit jeder es betrachten und dem Bräutigam Ehre erweisen konnte.

Den ersten Toast brachte die Lehrerin aus, die als Fürsprecherin der Familie hervorgetreten war.

»Uns, als den Gästen der Familie des Bräutigams, wird die Ehre zuteil, diesen freudigen und gesegneten Anlaß feierlich zu begehen. Und wir sind stolz darauf, daß die Braut einer so bedeutenden, angesehenen Familie angehört. Und obgleich sie vertrieben, zerrissen und dezimiert wurden, wie es uns allen in diesen schrecklichen Zeiten geschehen ist, beehrt uns heute die Tante der Braut mit

ihrer Anwesenheit, um unserem Tisch höchstes Ansehen zu verleihen.«
Die Gäste tranken in einem Zug ihre Gläser leer. Ich nippte an meinem nur. Tante Lousapere hatte mich vor dem Raki gewarnt; er sei stark, sagte sie, und sie hatte recht. Ich schaute zu ihr hinüber, und sie gab mir mit den Augen ein Zeichen, lieber langsam zu trinken.
Als nächstes sprach die Mutter des Bräutigams.
»Wir haben lange gesucht, um eine passende Braut für unseren Sohn zu finden, aber unsere Suche war nicht vergeblich. Veron ist ein ehrbares junges Mädchen aus einer angesehenen Familie, und wir sind beglückt, sie für unseren Melkon zu gewinnen. Wir können mit eigenen Augen sehen, daß sie ihm eine gute Frau sein wird, wie wir wissen, daß unser Sohn ein liebevoller Ehemann sein wird, weil er ein liebevoller Sohn gewesen ist. Obwohl er weit von hier in einem anderen Erdteil ist, hat er uns in unserer Not nicht vergessen und hat gearbeitet mit dem einen und einzigen Ziel, uns wohlbehalten zu sich nach Amerika zu holen. Ich erteile dem Brautpaar meinen Segen!«
Ihre Worte machten mich sehr glücklich. Mir fiel ein, was Tante Lousapere einmal zu mir gesagt hatte: Der Segen einer Mutter bedeute Glück.
Wieder schaute ich zu meiner Tante hinüber. Sie lächelte. Wärme durchströmte mich, denn ihr Lächeln sagte mir, daß sie endlich von der Richtigkeit meines Entschlusses überzeugt war.
Ich meinte, Melkons Mutter hätte geendet, aber sie stand noch immer, das Glas in der Hand. »Möge der Boden, auf dem mein Sohn wandelt, reiche Frucht tragen«, und damit leerte sie ihr Glas und setzte sich, während ihr die Tränen über die Wangen liefen.
Nach kurzem Schweigen erhob sich Aram, zu dessen rechter Seite ich saß, räusperte sich und sprach.
»Stellvertretend für meinen Bruder wird mir die Ehre zuteil, Sie alle zu diesem glücklichen Anlaß willkommen zu heißen. Hiermit heiße ich Veron in unserer Familie

willkommen und hoffe, daß wir ihr das Glück, das sie uns bereitet hat, mit ebensoviel Glück vergelten können. Unser beharrliches Bemühen war schließlich von Erfolg gekrönt, da Veron den Heiratsantrag unseres Bruders Melkon angenommen hat. Wir wissen, daß unser Bruder mit der Frau, die ihn durchs Leben begleiten soll, glücklich sein wird. Wir haben ihm unser Wort gegeben, sie wohlbehalten an seiner Tür abzuliefern und die Hochzeit in die Wege zu leiten.« Bei den letzten Worten ergriff er meine Hand, schaute mich an und bat mich, aufzustehen. »Im Namen meines Bruders verlobe ich dich ihm mit diesem Ring«, schloß er und streifte mir Melkons Ring an den Finger.

Veron Dumehjian heiratete Melkon Kherdian im Juli 1924 in Waukegan, Illinois. Sie ließen sich in Racine, Wisconsin, nieder, und nach sieben Ehejahren wurde ihnen ein Sohn David geboren, gefolgt von einer Tochter Virginia. Veron Kherdian lebt heute als Witwe in Fresno, Kalifornien.